Horst Turk

Wirkungsästhetik. Theorie und Interpretation der literarischen Wirkung

edition text + kritik

Redaktion: Heinz Ludwig Arnold

CIP-Kurztitelaufnahme der Deutschen Bibliothek

Turk, Horst
Wirkungsästhetik: Theorie und Interpretation der literarischen Wirkung. —
München: edition text + kritik, 1976.
ISBN 3-921402-30-1

Gesamtherstellung: Johannesdruck Hans Pribil KG, München
Umschlag-Entwurf: Dieter Vollendorf, München

ISBN 3-921402-30-1

Inhalt

Vorwort

Für eine Gesellschaft, die sich nicht mehr durch ihre literarische Widerspiegelung bestätigt findet, ist es systemgerecht, daß sie die aufgetretene *Leerstelle* durch einen neuen Funktionsträger besetzt[1]: sie ersetzt die überkommene Produktions- und Darstellungsästhetik poetischer Texte, die nicht mehr leistet, was von ihr erwartet wird, durch eine Rezeptions- oder Hörerästhetik des Textes. Die Rezeptions- oder Hörerästhetik literarischer Texte darf nicht mit der Wirkungsästhetik verwechselt werden.

Die Hörerästhetik geht, um auf sie eine Formulierung Brechts aus dem *Kleinen Organon* anzuwenden, *vom* Hörer, nicht *auf* ihn aus[2]. In diesem Sinn entwickelte zuerst H.-G. Gadamer, anknüpfend an Heidegger, eine Theorie des *wirkungsgeschichtlichen Bewußtseins*[3], dessen zentrale Kategorie des *Einrückens in ein Überlieferungsgeschehen*[4] die Aktivität im Verhältnis von Hörer und Text zwar dem Text zudenkt: jedoch vom Standpunkt des Hörers aus, ohne dessen Anwendung der Tradition auf sich der Text nicht aus der »Selbstentfremdung« schriftlich fixierter Rede »erweckbar« wäre[5]. Nun ist gerade die Zumutung für den Hörer, das, was er in der *Applikation* selbst leistet, dem Text oder der Überlieferung zudenken zu sollen, in der Forschung nicht unwidersprochen geblieben. Die Berichtigungen, die vorgenommen wurden — soziologisch von J. Habermas, strukturalistisch, anknüpfend an die Leerstellentheorie H. Blumenbergs, von W. Iser und H. R. Jauß —, lassen, indem sie die Position des Hörers verstärken, die grundsätzlichen Schwierigkeiten eines hörertheoretischen Ansatzes jedoch nur noch schärfer hervortreten. Es sind Hörertheorien der Geschichte *und* des Textes, welche, wissenschaftsgeschichtlich aus der Krise des Historismus zu verstehen, die Ursache für eine Krise des Geschichtsbewußtseins und der die Geschichte darstellenden Literatur jedoch dadurch zu beheben suchen, daß sie die Frage nach dem Handeln der Geschichte literarisch als eine Frage der Erzählbarkeit oder Interpretation der Geschichte auffassen[6].

Für die Geschichtswissenschaft bedeutet dies, daß sie sich die Literatur- und Kunstgeschichte zum Paradigma zu nehmen hätte[7]. Der *Ereignischarakter* der Literatur, den diese *in* der allgemeinen Geschichte hat, wird mit dem Ereignischarakter historischer Fakten der allgemeinen oder pragmatischen Geschichte in eins gesetzt, bzw. diese werden aus jenem verstanden. Dies, lesen wir bei Jauß, sei der geheime Sinn von Droysens »Kritik am Dogma der ›objektiven Tatsachen‹«: »Droysen gewann der geschichtlichen Tatsache damit wieder ihren Ereignischarakter zurück, der mit dem Ereignischarakter des Kunstwerks die Offenheit des Bedeutungshorizonts gemeinsam hat. Denn es ist nicht erst *das Recht der historischen Betrachtung*, sondern ein gleich ursprüngliches Recht der ästhetischen Deutung, die Werke oder *Tatsachen in dem Lichte der Bedeutsamkeit, die sie durch ihre Wirkungen gewonnen haben, aufzufassen*[8]*.«* Das Gesagte kommt einer Aufhebung der pragmatischen Geschichte im Modell der literaturgeschichtlichen Betrachtung gleich; umgekehrt wäre vielmehr zu fragen, ob die Unabgeschlossenheit einer pragmatischen Wirkung, die nicht nur die Unabgeschlossenheit einer Deutung ist, eine dem Kunstwerk vergleichbare »Offenheit des Bedeutungshorizonts« überhaupt besitzt, bzw. ob sie diese Offenheit nicht nur für *die* Art Betrachtung oder für einen Betrachter hat, der sich einer Tatsache der pragmatischen Geschichte in bestimmter, nämlich des Rezipienten (Hörers oder Lesers) Haltung nähert. Der Einwand führt auf einen doppelten Sachverhalt: die rezeptionsgeschichtliche Betrachtung denkt den Hörer nur in *einer* Funktion, in der ästhetischen Funktion als Hörer, und sie denkt in dieser einen Funktion — durch Übertragung auf die allgemeine Geschichte — alle anderen

Funktionen, politische, ökonomische, soziale, moralische und psychische, mit.

Dies wiederum hat — durchaus im Widerspruch zur eingangs erwähnten Absicht — eine Schwächung der Hörerposition zur Folge. Der Leser oder Hörer sollte — darin lag die Stärkung seiner Position — die Sinnkonstituierung übernehmen, die das Handeln — als Handeln der Geschichte oder der die Geschichte darstellenden Literatur — nicht mehr leistet[9]. Statt dessen sehen wir nun den Leser in seiner Funktion, dem an ihn herangetragenen *Appell* literarischer Texte nachzukommen, moralisch, politisch, ökonomisch und sozial einer »Totalkorrektur«[10] unterworfen, für die in letzter Instanz der Text, bzw. die in ihm manifest gewordene *Strategie des Autors*[11] verantwortlich zeichnet. So heißt es bei Iser in Abwandlung der Blumenbergschen Leerstellentheorie: »Für die Provokation des Urteilsvermögens sorgt der Kommentar [des Erzählers, H. T.] auf zweierlei Weise: Indem er die eindeutige Bewertung des Geschehens ausspart, schafft er Leerstellen, die eine Reihe von Erfüllungsvariablen zulassen; da er aber zugleich Möglichkeiten der Bewertung anbietet, sorgt er dafür, daß diese Leerstellen nicht beliebig aufgefüllt werden. So bewirkt diese Struktur zum einen die Beteiligung des Lesers an der Bewertung, zum anderen aber die Kontrolle derjenigen Reaktionen, denen die Bewertung entspringt[12].« Aus dem *aktiven* Leser, in dessen Zeichen oder Namen die Wendung gegen die traditionelle Produktions- und Darstellungsästhetik begann, ist ein Leser geworden, der unter Erfüllungszwängen steht. Mit ihm schließt sich der Kreis einer Hörertheorie des Textes. Er schließt sich unter Ausschließung der pragmatischen Geschichte, die, umgedeutet in ein Phänomen der Rezeptionsästhetik, zum *Text* wird und »eine Darstellung der Literatur [...] in ihrem Verhältnis zur pragmatischen Geschichte«[13] gerade nicht möglich werden läßt.

Die Wirkungsästhetik bestimmt die Rezeption vom Standpunkt des Textes aus. Sie erfaßt den Hörer, Zuschauer oder Leser in den verschiedenen Funktionen, indem sie das Ästhetische psychologisch, moralisch, politisch oder sozial zu ihm in Beziehung setzt. Das Problem der Wirkungsästhetik ist das Problem einer handlungstheoretischen Grund-

legung des Ästhetischen. Das Ästhetische kann objektiv als Zweckmäßigkeit für die Anschauung des Zuschauers dem Werk zugedacht sein. Subjektiv ist es als Zweckmäßigkeit in der Vorstellung des Zuschauers ein Bestimmungsgrund seiner Selbsttätigkeit. In der Geschichte der Wirkungsästhetik wird dieser Zustand politisch und soziologisch bestimmt. Der *ästhetische Zustand*[14] ermöglicht als Zustand der Bestimmbarkeit das politische Handeln. Als Zustand der wirklichen Bestimmbarkeit ist er gesellschaftlich ermöglicht oder bedingt.
Die vorliegenden Aufsätze sind Beiträge zur Theorie, Geschichte und Interpretation der literarischen Wirkung. Sie behandeln Begründungsprobleme der literarischen Wirkung, die historische Entwicklung der Wirkungstheorie und das Problem der Anwendung wirkungsästhetischer Kategorien auf die Textinterpretation. Der Aufsatz zur Geschichte der Wirkungsästhetik wurde für diesen Band neu überarbeitet.

Göttingen, 27. Juni 1975 Horst Turk

1 Zur »Umbesetzung vakant gewordener Positionen von Antworten« innerhalb der europäischen Problem- oder Geistesgeschichte vgl. H. Blumenberg, Die Legitimität der Neuzeit, Frankfurt a. M. 1966, S. 41 ff.

2 Aus: Schriften zum Theater (Kleines Organon für das Theater), in: B. Brecht, Gesammelte Werke in 20 Bdn. (= werkausg. ed. suhrkamp), Frankfurt a. M. 1973, Bd. 16, S. 682.

3 Wahrheit und Methode. Grundzüge einer philosophischen Hermeneutik, Tübingen ²1965, S. 324 ff.

4 Ebd., S. 274 f. u. 324 ff.

5 Ebd., S. 368 u. 327.

6 Vgl. J. Habermas, Erkenntnis und Interesse (= stw 1) Frankfurt a. M. 1973, S. 314 ff.: an die Stelle des Handelns der allgemeinen oder pragmatischen Geschichte tritt das Erzählenkönnen einer privaten Lebensgeschichte. Zur geschichtstheoretischen Begründung dieses Ansatzes vgl. J. Habermas, Ein Literaturbericht (1967): Zur Logik der Sozialwissenschaften, in: J. H., Zur Logik der Sozialwissenschaften. Materialien (= es 481), Frankfurt a. M. ²1971, S. 71—308, S. 269 ff.

7 H. R. Jauß, Geschichte der Kunst und der Historie, in: H. R. J., Literaturgeschichte als Provokation (= es 418), Frankfurt a. M. 1970, S. 208—251, S. 211 f.: »Damit ist der Punkt erreicht, an dem Kunstgeschichte und Historie in ein Verhältnis treten, das für uns eine neue Frage aufwirft: ob die Geschichte der Kunst, die man zumeist als abhängige und ›arme Verwandte‹ der allgemeinen Historie anzusehen pflegt, nicht auch einmal der gebende Teil gewesen sein und künftig wieder ein mögliches Paradigma der geschichtlichen Erkenntnis werden kann.«

8 Ebd., S. 217 f.

9 W. Iser, Der Archetyp als Leerform. Erzählmodalitäten und Kommunikation in Joyces' ›Ulysses‹, in: W. I., Der implizite Leser. Kommunikationsformen des Romans von Bunyan bis Beckett (= UTB 163), München 1972, S. 300—358, S. 310.

10 W. Iser, Die Appellstruktur der Texte. Unbestimmtheit als Wirkungsbedingung literarischer Prosa (= Konstanzer Universitätsreden 28), Konstanz [2]1971, S. 22.

11 Ebd., S. 23.

12 Ebd., S. 21. Zur geschichtstheoretischen und -kritischen Dimension der Leerstellentheorie bei Blumenberg vgl. a.a.O., S. 99 ff. Zur sensualistischen Umdeutung bei Iser vgl. Die Appellstruktur der Texte, a.a.O., S. 5; zur Abgrenzung von R. Ingarden ebd., S. 36 f., Anm. 6.

13 H. R. Jauß, Literaturgeschichte als Provokation der Literaturwissenschaft, in: H. R. J., Literaturgeschichte als Provokation, a.a.O., S. 144—207, S. 153.

14 Schiller, Über die ästhetische Erziehung des Menschen in einer Reihe von Briefen, in: F. Schiller, Sämtliche Werke, hg. v. G. Fricke u. H. G. Göpfert, 5 Bde., München [3]1962, Bd. 5, S. 570—669, S. 633.

Literatur und Praxis

Versuch über eine Theorie der literarischen Wirkung

I Die Infragestellung der Kulturwissenschaft durch Ideologiekritik und Pragmatismus

1. Der Ausgangspunkt

Im gegenwärtigen Zeitpunkt nach dem Verhältnis von Literatur und Praxis fragen heißt, vor der Beschäftigung mit Literatur nach der Berechtigung eines solchen Vorhabens zu fragen. Die Krise der geisteswissenschaftlichen Fächer, die nicht nur eine Krise der Wissenschaft ist, sondern die Krise einer Gesellschaft, die sich durch diese Fächer definiert und bestätigt sah, kann aber nur wirksam angegangen werden, wenn die Frage nach deren Berechtigung und Begründung von vornherein in einem weiteren, soziokulturellen Rahmen gestellt wird. Die folgende Untersuchung versteht sich als ein Beitrag zur Begründungsfrage der kulturwissenschaftlichen Disziplinen. Sie wird in diesem Ansatz, der von der üblichen Zweiteilung in Natur- und Geisteswissenschaften abweicht, vor allem dadurch bestätigt, daß die Soziologie als theoriebildende Disziplin und als Praxiswissenschaft, soweit sie analytische Soziologie ist, aus dem Verband der traditionellen Geisteswissenschaften ausschied[1]. Dadurch — in anderer Form aber auch aus den Schwierigkeiten der gegenwärtigen dialektischen Sozialphilosophie — ergibt sich für die verbliebenen Disziplinen die Notwendigkeit, sich in Auseinandersetzung nicht nur mit sich, sondern auch mit dieser Praxiswissenschaft neu zu bestimmen. *Eine* Möglichkeit, diese Auseinandersetzung aus dem Gesichtspunkt der gesellschaftlichen Praxis durchzuführen, liegt in dem soziokulturellen Selbstverständnis eines solchen Faches als Bestandteil einer allgemeinen Kulturwissenschaft[2]. Unter diesem Gesichtspunkt, der die Begründungsfrage des Faches in den Zusammenhang der allgemeinen Wissenschaftstheorie und der Kultur- und Gesellschaftskritik stellt, ist die folgende Untersuchung abgefaßt. Sie greift zwei Positionen aus der gegenwärtigen Wissenschafts- und Kulturkritik heraus, die besonders wichtig scheinen, weil sie das Problem und die Existenz einer kritischen Kulturwissenschaft unmittelbar betreffen und weil sie zugleich ein genaues Bild von der gegebenen bildungspolitischen Lage vermitteln: die Infragestellung der Kulturwissenschaft durch Ideologiekritik und Pragmatismus. Mit der Infragestellung durch *beide* Richtungen der Soziologie, bzw. der Wahl, die sie der Kulturwissenschaft lassen zwischen Illegitimität und Dysfunktionalität, muß m. E. jede Reflexion auf den Gesellschafts- und Praxisbezug der Kulturwissenschaft beginnen. Es bleibt nicht aus, daß — bei dem Stand der Sache — die Auseinandersetzung von dem Boden des spekulativen Idealismus, auf dem sie im 19. Jahrhundert und bis in unsere Gegenwart verhandelt wurde, auf den Boden einer wissenschaftstheoretisch neu begründeten Aufklärung zurückkehrt, auf dem sie zur Zeit entschieden wird[3]. Daß dabei die Möglichkeit spekulativer Reflexion mit auf dem Spiel steht, ist ein Gesichtspunkt, der speziell der Kulturwissenschaft, wenn diese sich neu organisiert und begründet, zu denken geben sollte.

2. Zwei Positionen der gegenwärtigen Kulturkrise

Als Beispiel, um den gegenwärtigen Stand der Kulturkrise vor Augen zu führen, wähle ich zwei extrem einander entgegengesetzte Positionen: H. Marcuses kulturkritische Schrift *Über den affirmativen Charakter der Kultur* von 1937[4] und die 1962 erschienene wissenschaftssoziologische Untersuchung von F. H. Tenbruck, *Bildung, Gesellschaft, Wissenschaft*[5]. Beide Veröffentlichungen diagnostizieren das Ende der

Affirmation in der bestehenden Kultur: aus Gründen ihrer Illegitimität angesichts der politischen Aufgabe, neue Verhältnisse zu schaffen, bzw. ihrer Dysfunktionalität unter der Voraussetzung der bestehenden Verhältnisse. Beide implizieren bei ihrem Urteil eine bestimmte Beziehung zwischen Kultur — bzw. Wissenschaft — und Praxis aus dem Gesichtspunkt der Soziologie. Beide lassen in ihrer Stellung, die sie unter dieser Voraussetzung zur Kultur und zur Kulturwissenschaft beziehen, jedoch erkennen, daß es sich bei ihrer Kritik weniger um ein Problem der Kultur und ihrer Stellung in der Gesellschaft, sondern um ein Problem der Praxis und ihrer Vermittlung durch bestimmte kulturelle Erwartungen handelt. Die Kultur ist ein integrierender Faktor der gesellschaftlichen Praxis, mit dessen Leistung die Möglichkeit dieser Praxis selbst in Frage steht. Bevor wir uns diesem Problem vom Standpunkt der Kultur und der Kulturwissenschaft aus zuwenden, empfiehlt es sich, die Erwartung, die die Soziologie als Praxiswissenschaft an die Kultur stellt, bzw. die gesellschaftlichen Bedingungen, von denen sie deren Möglichkeit praktisch abhängig sieht, kurz zu referieren.

Die Argumentation des Illegitimitätsnachweises (nach Marcuse), die in der genannten Schrift noch ohne den später erst dominanten Einfluß der Psychoanalyse nach einem kulturphilosophisch modifizierten Schema der marxistischen Ideologiekritik verläuft, läßt sich in folgende vier Punkte zusammenfassen: 1. Kultur im engeren Sinn ist erst die Kultur des bürgerlichen Individualismus[6], der sich von allen früheren Reproduktionen der Gesellschaft — auch der Antike — positiv dadurch unterscheidet, daß er die geschichtliche Aufgabe eines gleichen Glücks für alle auf der Basis ausgedehnterer Produktionskräfte theoretisch konzipiert. 2. Doch diese revolutionäre Konzeption wird durch die Voraussetzungen, unter denen sie erfolgt — den Produktionsverhältnissen des Kapitalismus — in ihrer humanen Ansprüchlichkeit unglaubwürdig. 3. Der Widerspruch steckt in dem Faktum einer kulturpolitischen Revolutionierung selbst, weil diese als Überbau von Anfang an auf ein ihr widersprechendes politisches und ökonomisches Herrschaftsverhältnis festgelegt ist. Er äußert sich innerhalb ihrer Projektionen, weil diese, sobald sie sich und ihr Verhältnis zur gesellschaftlichen Praxis reflektieren, zur Verinnerlichung oder zur Abstraktion genötigt sind. Endgültig in ihrer wahren Gestalt tritt diese Depravation jedoch erst nach der Machtübernahme durch das Bürgertum im Hochkapitalismus heraus, indem zu der Reproduktion des eigenen Mißverhältnisses zu sich selbst der Mißbrauch der Kultur zum Zweck der Herrschaftsausübung kommt. 4. In allen historischen Ausformungen — auch der antiken — ist die Kultur affirmativ gewesen. Doch erst in dieser letzten Phase ihrer Entwicklung wird die Unwahrheit dieser Affirmation unwiderruflich manifest. In ihr ist die Voraussetzung zu einer praktischen Selbstaufhebung ihres affirmativen Charakters gegeben: »Aber die wirkliche Befriedigung der Individuen läßt sich nicht in eine idealistische Dynamik einspannen, welche die Erfüllung immer wieder hinausschiebt oder überhaupt nur in das Streben nach dem nie schon Erreichten verlegt. Nur *gegen* die idealistische Kultur kann sie sich durchsetzen; nur *gegen* diese Kultur wird sie als allgemeine Forderung laut[7].« — In diesen vier Punkten spiegelt sich nicht nur sehr genau die Besonderheit der Marcuseschen Kulturdialektik — im Unterschied zur Dialektik bei Marx, bei J. Habermas oder Th. W. Adorno[8] —, sondern — vergleicht man die Hoffnungen auf einen Umschlag der Praxis in die Kultur — sehr genau auch der in beiden Positionen prinzipiell sich gleichbleibende Verpflichtungscharakter der Kultur, ihre Eigenschaft, zwar von ihr widersprechenden ökonomischen und politischen Bedingungen abhängig zu sein, gleichwohl jedoch als Produkt nicht naturwüchsiger Traditionen, sondern kritischer Rationalität einen Anspruch auf praktische Realisation zu besitzen. Illegitimität und Legitimität der Kultur sind in der dialektischen Kulturphilosophie Marcuses durch einen politischen Realisationsanspruch vermittelt. Abgesehen von der darin sich aussprechenden Ästhetisierung des Politischen, entsteht jedoch die Frage, ob die Kultur, vom Standpunkt der ihr möglichen Wirkung aus gesehen, tatsächlich in dieser Form dialektisch auf die ihr zugrundeliegende Praxis bezogen sein kann.

Vergleicht man zu dieser Frage die wissenschaftssoziologische Untersuchung der analytischen Soziologie (nach Tenbruck), so scheint für jede derartige Hoffnung jede Voraussetzung in der Praxis — auch die des zugespitzten Widerspruchs — zu fehlen. Die Argumentation des Dysfunktionalitätsnachweises läßt sich ebenfalls in vier Punkten kurz zusammenfassen: 1. Die Einheit von Wissenschaft und Bildung, von der die Legitimität beider in einem kritischen Wissenschaftsverständnis abhängt, ist nicht nur durch die vielberufene Spezialisierung in den Wissenschaften selbst bedroht, sondern vor allem dadurch, daß diese ihren unverrückbaren Grund in der Veränderung ihrer Gegenstände hat, eine Veränderung, die vor allem die vorwiegend praxisbezogenen Disziplinen der alten Geisteswissenschaften (nach Dilthey) betrifft, die somit aus dem historischen Selbstverständnis zugunsten einer systematischen Grundlegung ausscheiden[9]. 2. Für die »proportional schrumpfenden Kernfächer der Geisteswissenschaften, die entweder historisch gerichtet sind oder die Produktion von und Auseinandersetzung mit Kulturobjektivationen zum Gegenstand haben«[10], bedeutet dies, daß ihnen von seiten der Soziologie ein gewisser »Raum für das Recht der Hochkultur«[11] freigehalten werden muß. 3. Dabei weiß sich die analytische Soziologie, die unter dem Namen der Wissenschaftstheorie die Aufgabe der alten theoriebildenden Disziplin, der Philosophie, übernommen hat, in ihren Möglichkeiten zwar grundsätzlich eingeschränkt: »So ist es die strukturelle Verästelung der Gesellschaft, die eine hochgradig rationale Organisation und damit Autonomie der institutionellen Ordnungen schafft, welche immer mehr, und zwar die zahlenmäßig wie ideologisch immer entscheidenderen Gebiete der ehemaligen Geisteswissenschaften verselbständigt und ihnen dadurch die Bildungskraft raubt. Unter dem Zwang dieser Entwicklung haben altehrwürdige Fächer sich von der Vorherrschaft der historischen, und damit auf die Weite der menschlichen Existenz wie die Abhängigkeit der Lebensbereiche zugeschnittenen Perspektive lösen und einen fast ausschließlich systematischen Standpunkt beziehen können und müssen, der sie doch gleichzeitig auf die Gegenwart, und oft gar nur auf deren systematische Reproduktion beschränkt[12].« 4. Doch sie wird auf eine in ihren Augen fatale Weise in dieser Sicht der Dinge dadurch bestärkt,

»daß Wissenschaft, im eigentlichen Verstande, und Bildung, als ihr Produkt, in der modernen Gesellschaft auf der ganzen Linie dysfunktional sind. [...] Als überflüssige Haltungen finden sie sich damit in das rein Private abgedrängt, während in der gesellschaftlichen Wirklichkeit und für die Öffentlichkeit Wissenschaft durch die Ausbildungsaufgabe der Universität und die Dienlichkeit der Forschung beschrieben ist[13].« — Nun erschöpft sich in diesen vier Punkten zwar nicht die Beweisführung des Dysfunktionalitätsarguments, doch sofern es die wichtigsten sind, könnte sich die Kulturwissenschaft ihnen gegenüber gelassen zeigen, *wenn* sie von seiten der dialektischen Sozialphilosophie eines darüber hinausgehenden Praxisbezuges versichert wäre. Dieser steht jedoch in dem referierten Beweisgang nicht nur theoretisch in Frage — vom Standpunkt der Wissenschaftstheorie aus[14] —, sondern vor allem auch praktisch, aus den gegebenen gesellschaftlichen Verhältnissen. Ebensowenig kann sich die Kulturwissenschaft in ihrem Anspruch jedoch durch die analytische Soziologie sichergestellt glauben. »In solchen Beispielen einer ausgebreiteteren Dysfunktionalität gerät die Universität vor die aktuelle Tiefe der Entscheidung, ob sie eine Bildungsinstitution bleiben will und kann. Hier erst zeigt sich nämlich, daß sie mit der Forderung nach Bildung *implicite* eine gesellschaftliche Forderung ausspricht oder jedenfalls zur gesellschaftlichen Wirklichkeit Stellung nimmt. Indem sie Wissenschaft in der Verknüpfung mit Bildung sieht, legt sie einen Maßstab an das Leben. Sie kann sich dieser Konsequenz nicht entziehen durch die Illusion, diese Forderung solle oder könne nur im Privaten oder *intra muros* gelten. Gewiß ist Bildung ihrem Wesen nach eine individuelle Leistung. Sie ist weder lehrbar noch kann sie anders als vom Individuum verantwortet werden. Doch sie ist auch nicht ein versteckter Besitz, den man völlig ungehindert von der Wirklichkeit ungefährdet mit sich herumtragen kann. Sie muß hundertfach betätigt und bestätigt werden. Sie hängt deshalb von Voraussetzungen ab. Und wo die gesellschaftliche Wirklichkeit der Bildung nicht hier und dort und diesen und jenen Individuen, sondern aus ihrem Wesen heraus planmäßig und automatisch aller Bildung den Weg zu verlegen droht, da wird die Forderung nach

Bildung unabänderlich auch eine Forderung an die Gesellschaft. Wo das vergessen wird, müssen die vorhandenen Bildungsreste und Bildungskräfte sich denaturieren, in den Zynismus einer unverpflichtenden Leere fliehen, in die Harmlosigkeit einer Steckenpferdwelt entweichen, in der Routine eines Formalismus erstarren, in der endlosen Negation Unterschlupf suchen[15].« Die Notwendigkeit, einen solchen Kultur- und Bildungsanspruch an die Gesellschaft zu stellen, ist in diesen Worten nachdrücklich ausgesprochen. Offen bleibt in der wissenschaftssoziologischen Sicht jedoch die Frage, wie nun, auf welcher wissenschaftstheoretischen Grundlage, dieser Anspruch der Kulturwissenschaft zu vertreten sei.

3. Vorläufige Überlegung zum Praxisbegriff

Es empfiehlt sich, bevor wir uns dem Versuch einer wirkungstheoretischen Grundlegung zuwenden, vom Standpunkt der Kulturwissenschaft aus den Praxisbegriff genauer anzusehen, mit dem die Kulturwissenschaft durch die Soziologie konfrontiert wird. Es ist die Preisgabe der historischen Betrachtungsweise, die — methodologisch in einer Annäherung an die Naturwissenschaften begründet — die analytische Soziologie als Praxiswissenschaft vor sich selbst fragwürdig werden läßt. Das Problem, das sich ihr in diesem Zusammenhang stellt, ist nicht neu, sondern es tritt schon mit der Begründung dieser Wissenschaft — bei M. Weber — auf, und es beschränkt sich auch nicht auf den analytischen Zweig der Soziologie, sondern es betrifft — in anderer Form — auch die dialektische Sozialphilosophie. Um die Bedeutung der historischen Betrachtungsweise für die soziologische Fassung des Praxisbegriffs zu verstehen, ist es erforderlich, hinter die gegenwärtigen Positionen der analytischen, bzw. der dialektischen Soziologie[16] zurückzugehen. Es ist ein inzwischen kaum noch bestreitbarer Satz, daß die ökonomischen Bedingungen der spätkapitalistischen Überflußgesellschaft eine direkte Übertragung des Marxschen Klassenkampfmodells nicht mehr zulassen[17]. Aus den Schwierigkeiten, die dem gegenwärtigen Marxismus daraus erwachsen — im Antagonismus seiner dogmatischen und seiner revisionistischen Tendenzen — läßt sich rückblickend ersehen, welche praktische Evidenz der dialektische Materialismus bei Marx an seiner historischen Begründung hatte. »Der Kommunismus ist für uns nicht [...] ein *Ideal*, wonach die Wirklichkeit sich zu richten haben [wird]. Wir nennen Kommunismus die *wirkliche* Bewegung, welche den jetzigen Zustand aufhebt. Die Bedingungen dieser Bewegung ergeben sich aus der jetzt bestehenden Voraussetzung[18].« Die Dialektik von Produktivkräften und Produktionsverhältnissen, die nicht zu jeder Zeit in der Geschichte gleich einsichtig war, bringt als letzte, sie aufhebende Antithese, ohne daß dafür zusätzlich mehr als die Einsicht in diese Dialektik erforderlich wäre, objektiv notwendig das revolutionäre Proletariat hervor. Der Praxisbegriff bei Marx, der *begriffene Geschichte* ist[19], besitzt an dieser Voraussetzung seine theoretische Evidenz. In diesem Punkt gleicht er seinem bürgerlichen Gegenspieler Weber, der zwar keinen in Marx' Sinn dialektischen, wohl aber einen hermeneutischen Begriff der Geschichte bei seiner Grundlegung der Soziologie als einer gesicherten und d. h. wertfreien Wissenschaft von der Praxis faßte. Auch für das Wertfreiheitspostulat der analytischen Soziologie gilt, daß erst die Schwierigkeiten der Gegenwart die Voraussetzungen greifbar werden lassen, unter denen dieses Postulat in einer Wissenschaft von der Praxis möglich ist. »Vorausgesetzt ist bei jeder wissenschaftlichen Arbeit immer die Geltung der Regeln der Logik und Methodik: dieser allgemeinen Grundlagen unserer Orientierung in der Welt. Nun, diese Voraussetzungen sind, wenigstens für unsere besondere Frage, am wenigsten problematisch. Vorausgesetzt ist aber ferner: daß das, was bei wissenschaftlicher Arbeit herauskommt, *wichtig* im Sinn von ›wissenswert‹ sei. Und da stecken nun offenbar alle unsere Probleme darin. Denn diese Voraussetzung ist nicht wieder ihrerseits mit den Mitteln der Wissenschaft beweisbar. Sie läßt sich nur auf ihren letzten Sinn *deuten*, den man dann ablehnen oder annehmen muß, je nach der eigenen letzten Stellungnahme zum Leben[20].« Die Deutung, die Weber in diesem Zitat an den Rand der gesicherten Wissenschaft drängt, wird von ihm als wissenschaftliche Methode, die etwas anderes als die persönliche Lebensentscheidung ist, für bestimmte »Arten von Kulturphilosophie« zugestanden, vorausgesetzt, daß diese nichts über die Tradierungswürdigkeit der behandelten Gegenstände aussagen: »Oder nehmen Sie die historischen Kulturwissenschaften. Sie lehren politische, künstlerische, literarische und soziale Kulturerscheinungen aus den Bedingungen ihres Entstehens verstehen. Weder aber geben sie von sich aus Antwort auf die Frage: ob diese Kulturerscheinungen es *wert* waren und sind, zu bestehen. Noch antworten sie auf die andere Frage: ob es der Mühe wert ist, sie zu kennen[21].« Webers Begriff einer gesicherten Wissenschaft von der Praxis ist als Begriff einer Wissenschaft von der Praxis ebenfalls historisch. Er ist es jedoch auf andere Weise und mit anderen Konsequenzen als bei Marx: als Verstehensbegriff (hermeneutisch) ohne Werturteil über die Tradierungswürdigkeit dessen, aus dem verstanden wird. Daß diese historische Ausdeutung des soziologischen Praxisbegriffs durch eine Änderung in den gesellschaftlichen Voraussetzungen hinfällig werden kann, deutet sich bei Weber selbst bereits an, ist aber in seinen methodischen Konsequenzen erst in der gegenwärtigen Phase einer wirklich enthistorisierten analytischen Soziologie voll einsichtig.

Damit kehrt unsere Überlegung zu der eingangs aufgeworfenen Frage nach dem Praxisbegriff der gegenwärtigen Soziologie zurück, bzw. zu der Frage, welche Voraussetzungen dieser Praxisbegriff für eine kritische Neubegründung der Kulturwissenschaft vom Standpunkt der gesellschaftlichen Handlungswirklichkeit aus bereitstellt. Hier zeigt sich nun die eigentliche Schwierigkeit darin, daß die gegenwärtige Soziologie, die dialektische wie die analytische, vergleicht man sie mit den genannten Ausgangspositionen, eine vollständige Frustration in ihrem Handlungsbegriff zu erkennen gibt, d. h. in dem Begriff, der den Gegenstand dieser Wissenschaft bezeichnet, der aber inhaltlich, nach Zwecken, Grundsätzen oder Absichten, von ihr — als Soziologie — nicht ausgesagt wird[22]. Die analytische Soziologie beschränkt sich in ihren Untersuchungen bewußt auf eine pragmatische Beschreibung der Funktionszusammenhänge in Interaktions- und Kommunikationssystemen, ihrer Konstanten und Variablen, ihrer stabilisierenden und verunsichernden Faktoren, bzw. der daraus sich herleitenden Innovationsprozesse, wobei die Auswertung des Konstatierten — *der* Zweck- oder Sinnaspekte — dem Prinzip einer quasi-naturwissenschaftlichen Objektivität unterliegt. Der Formalismus dieser Betrachtungsweise ist die Folge eines wissenschaftstheoretisch konsequenten geschichtstranszendenten Ansatzes, durch den sich die analytische Soziologie ihre Objektivität als Wissenschaft im Zustand der Gesellschaftsimmanenz bewahrt. Vom Standpunkt der Praxis aus gesehen, scheint die dialektische Soziologie gegenüber dem extrapolierten Ansatz der Analytik als Praxiswissenschaft im Vorteil zu sein. Sie verfügt in der Dialektik über eine Methode, die die Zugehörigkeit der Wissenschaft zu der von ihr behandelten Praxis nicht negiert, sondern gerade voraussetzt[23]. Die Schwierigkeit, in die sie dennoch gerät, läßt in der Frage der Praxis und des Praxisbegriffs jedoch das gleiche Dilemma erkennen. Denn als marxistische Soziologie, die sich im Unterschied zu Marx auf eine in ihrer Geschichtsohnmächtigkeit decouvrierte, unbewegte Faktizität festgelegt sieht und die andererseits im Unterschied zu Hegel nicht mehr die spekulative Immanenz einer systematischen Geschichtsinterpretation teilt, ist sie auf punktuelle Akte der Verweigerung, der Negation, angewiesen[24]. »Totalität ist keine affirmative, vielmehr eine kritische Kategorie. Dialektische Kritik möchte retten oder herstellen helfen, was der Totalität nicht gehorcht, was ihr widersteht oder was, als Potential einer noch nicht seienden Individuation, erst sich bildet. Die Interpretation der Fakten geleitet zur Totalität, ohne daß diese selbst Faktum wäre. Nichts sozial Faktisches, das nicht seinen Stellenwert in jener Totalität hätte. Sie ist allen einzelnen Subjekten vorgeordnet, weil diese auch in sich selbst ihrer contrainte gehorchen und noch in ihrer monadologischen Konstitution, und durch diese erst recht, die Totalität vorstellen. Insofern ist sie das Allerwirklichste. Weil sie aber der Inbegriff des gesellschaftlichen Verhältnisses der Individuen untereinander ist, das gegen die Einzelnen sich abblendet, ist sie zugleich auch Schein, Ideologie[25].« Der dialektischen Soziologie wird die Geschichtsimmanenz ihres Ansatzes zum Problem, ihr Festhalten am Erbe des Idealismus, das sie in einen Widerspruch zu sich selbst bringt, dazu, daß sie sich selbst in ihrem praktischen Anspruch transzendent wird.

Das Prinzip der Herrschaft, das bei Marx ein Prinzip des Handelns und als solches in der Geschichte auch aufhebbar war, wird bei Adorno zu einem Prinzip der Vernunft. »Der Schein von Identität wohnt jedoch dem Denken selber seiner puren Form nach inne. Denken heißt identifizieren. Befriedigt schiebt begriffliche Ordnung sich vor das, was Denken begreifen will. Sein Schein und seine Wahrheit verschränken sich. Jener läßt nicht dekretorisch sich beseitigen, etwa durch Beteuerung eines Ansichseienden außerhalb der Totalität der Denkbestimmungen. Insgeheim liegt es in Kant, und wurde von Hegel gegen ihn mobilisiert, es sei das dem Begriff jenseitige An sich als ganz Unbestimmtes nichtig. Dem Bewußtsein der Scheinhaftigkeit der begrifflichen Totalität ist nichts offen, als den Schein totaler Identität immanent zu durchbrechen: nach ihrem eigenen Maß. Da aber jene Totalität sich gemäß der Logik aufbaut, deren Kern der Satz vom ausgeschlossenen Dritten bildet, so nimmt alles, was ihm nicht sich einfügt, alles qualitativ Verschiedene, die Signatur des Widerspruchs an. Der Widerspruch ist das Nichtidentische unter dem Aspekt der Identität; der Primat des Widerspruchsprinzips in der Dialektik mißt das Heterogene am Einheitsdenken. Indem es auf seine Grenze aufprallt, übersteigt es sich. Dialektik ist das konsequente Bewußtsein von Nichtidentität. Sie bezieht nicht vorweg einen Standpunkt. Zu ihr treibt den Gedanken seine unvermeidliche Insuffizienz, seine Schuld an dem, was er denkt[26].« Aus diesen Voraussetzungen ist es begreiflich, daß sich die dialektische Soziologie, auch wo sie sich der Aufklärung wieder nähert, bei Marcuse, im Unterschied zur Aufklärung des 18. Jahrhunderts nicht gegen die Überlieferungen der Kultur vom Standpunkt der praktischen Vernunft aus, sondern gegen den Pragmatismus einer stillgelegten Dialektik vom Standpunkt der Kultur aus vorgeht, bzw. daß sie die Geschichtstranszendenz der Kultur als Kultur negiert, die Maxime des Handelns, bzw. des erhofften dialektischen Umschlags gleichwohl aber aus ihrer Geschichtstranszendenz bezieht.

Für beide Richtungen der Soziologie, die analytische wie die dialektische, läßt sich daher folgern, daß ihnen die Existenz einer zugleich affirmativen und gesellschaftskritischen Kultur und Kulturwissenschaft einerseits ein Bedürfnis, mehr aber noch ein Ärgernis sein muß. Denn nicht nur gilt, daß diese, die sich im Unterschied zu ihnen durch ihre bisherigen Gegenstände in einem vergleichsweise praxisfreien Raum bewegt, in ihrer historischen Ausrichtung beinahe ungebrochen den Historismus tradiert, sondern sie provoziert auch dadurch, daß sie sich inhaltsbewußt gibt: sie interpretiert Inhalte, konserviert Inhalte und prätendiert Inhalte, ohne sich jemals mit dem vollen Ernst, der aus dem Gesichtspunkt der Praxiswissenschaft geboten wäre, zu fragen, ob oder wie diese Inhalte in die gesellschaftliche Handlungswirklichkeit wirken, bzw. wie und aufgrund welcher Transformationen diese Inhalte aus der gesellschaftlichen Handlungswirklichkeit hergeleitet sind. An diesem Punkt setzt nicht ohne Grund eine massive Kritik der Soziologie und der Gesellschaft an der Kultur und der Kulturwissenschaft ein. Denn solange sich diese die Bedingung der Möglichkeit ihrer Prätentionen, ihre durch Freistellung bedingte Inhaltlichkeit und Historizität, nicht eingesteht, mutet sie der Praxis und der Praxiswissenschaft unmittelbar eine Idealität zu, die notwendig zum Widerspruch, zum Überdruß und schließlich zur Gleichgültigkeit ihr gegenüber herausfordert. Der Grund dieses Mißverhältnisses zu sich selbst, zur Gesellschaftswissenschaft und zur Gesellschaft, liegt — um, der Aufgabe dieser kritischen Reflexion entsprechend, eine Formulierung Kants zu verwenden — methodologisch in einem quasipraktischen Selbstverständnis, in einem *dialektischen Schein* der Kultur, bzw. des Begriffs, den die Kulturwissenschaft von ihr hegt. Genau besehen, stellt sich dieses Problem der Kulturwissenschaft im Verhältnis zur Soziologie bei den beiden Richtungen der Soziologie jedoch auf verschiedene Weise. Während die analytische Soziologie von einer spekulativen Infragestellung durch die Kultur absieht und damit den Schein einer in sich begründeten Ideologie des »technokratische[n] Bewußtsein[s]«[27] erzeugt, verlegt die dialektische Soziologie das ganze Praxisproblem in diese Infragestellung: als Umschlag der Kultur in die Praxis oder der Praxis in die Kultur (Marcuse), indem sie die intensivierte Kommunikation im soziokulturellen Rahmen der Gesellschaft selbst als politische Praxis begreift (Habermas) oder als Aufhebung der Praxis in der ästhetischen Infragestellung durch die Kunst (Adorno). »Daß die Kunstwerke als fensterlose Monaden das ›vorstellen‹, was sie nicht selbst sind, ist kaum anders zu begreifen als dadurch, daß ihre eigene Dynamik, ihre immanente Historizität als Dialektik von Natur und Naturbeherrschung nicht nur desselben Wesens ist wie die auswendige, sondern in sich jener ähnelt, ohne sie zu imitieren[28].« Im Verhältnis zur analytischen Soziologie muß die Kulturwissenschaft, will sie ihre Aufgabe als Teil der gesellschaftlichen Praxis nicht vernachlässigen, auf eine Infragestellung dieser Praxis durch die Kultur insistieren. Doch es ist zu bezweifeln, ob sie durch diese Infragestellung auch die Lösung des Praxisproblems bringen kann. Die Tradition, in der der zitierte Satz aus Adornos *Ästhetischer Theorie* steht, ist in der Kulturwissenschaft nicht neu. Gerade durch eine Auseinandersetzung mit dieser Tradition muß die von der dialektischen Soziologie selbst angeregte Neubegründung erfolgen. Eine Möglichkeit, dieser Aufgabe zu genügen, könnte der Rückgriff auf einen metaphysisch unvorbelasteten Dialogbegriff von Dialektik bieten[29]. Die Zweckprojektionen, die die Kultur in einem sie freistellenden Aussagemodus vornimmt, sind weder im Innenverhältnis, betrachtet man ihre Abfolge in den Grenzen der Kulturwissenschaft historisch, noch im Außenverhältnis, betrachtet man sie soziologisch, *Aufhebungen* im Sinn eines Denkens, das sich uneingeschränkt als Praxis weiß. Dialektisch ist das Verhältnis von Kultur und Geschichte, Kultur und Gesellschaft, Kulturwissenschaft und Praxiswissenschaft insofern, als hier ein vorgesetztes Tun, ein Gewohnheit gewordenes Verhalten, ein Wissen über dieses Tun oder Verhalten, hinterfragt oder auf ein Problem gebracht wird. Die Besonderheit einer kulturellen Problematisierung liegt im Unterschied zur Hinterfragung durch das praktische Denken darin, daß sie sich nicht im Sinn einer unmittelbaren Einflußnahme — absolut nach der klassischen Auffassung spekulativer Kritik oder relativ nach der Vereinbarungsformel von *trial and error*[30] —, sondern bedingt, vom Standpunkt einer relativen Freistellung aus, als Teil der von ihr vorgestellten Praxis weiß. Die Kultur ist nicht in sich oder in ihrem Bezug zur Praxis immer schon dialektisch[31], sondern sie *verhält sich*, wenn sie zum Zweck ihrer Deutungen dialektisches Denken benutzt, *dialektisch* zur Praxis und zur Gesellschaft: sie bringt diese auf ihr Problem, ohne — als Kultur — selbst deren Problem zu sein. In diesem Sinn ist zwar nicht sie selbst — Kultur und Kulturwissenschaft können abgeschafft werden —, wohl aber ihre soziale Funktion in gewisser Weise zeitlos; sie ist es in systematischer Hinsicht. Eine zweite Möglichkeit, diese ihre soziale Funktion inhaltlich zu bestimmen, ist die Frage nach der in ihr liegenden Wirkung. Wie diese Frage im Zusammenhang der aufgeführten Positionen zu stellen wäre, kann der Rekurs auf die Wirkungstheorie eines — von hier aus betrachtet — vergessenen Klassikers zeigen.

II Versuch über eine Theorie der literarischen Wirkung

1. Methodologische Vorbemerkung

Methodologisch gesehen, ist eine Theorie der literarischen Wirkung auf verschiedene Weisen denkbar, funktional: im Horizont möglicher Verständigung, medial: im Horizont möglichen Verstehens, aktual: im Horizont möglichen Handelns. Diese Einteilung, die auf die drei allgemeinen Grundmethoden des Faches Sprach- und Literaturwissenschaft zurückgeht — Analytik, Hermeneutik und Dialektik[32] —, repräsentiert in ihren verschiedenen Ansätzen unterschiedliche Auffassungen über das Verhältnis von Literatur, bzw. Sprache und Gesellschaft. Darüber hinaus ist in jedem der drei genannten Fälle ein anderer Wirkungsbegriff intendiert. Für unseren Zusammenhang sind nun aber nicht die Methoden selbst — ihre Grenzen, die gegenseitigen Ausschließlichkeiten, Berührungspunkte und wechselseitige Abhängigkeit — in erster Linie von Belang, sondern die Wirkungsbegriffe, die sie implizieren, bzw. die Rückschlüsse, die sich aus den verschiedenen Wirkungsbegriffen auf den Gegenstand, der wirkt, und die Gesellschaft, auf die er wirkt, ziehen lassen. Medial, um mit dem Bekanntesten zu beginnen, ist der Wirkungsbegriff der Hermeneutik. Sie geht

— auch in soziologischer Hinsicht[33] — von der immer schon vorgängig gegebenen Gedeutetheit alles Wirklichen aus. Ihr Ansatzpunkt ist das Modell der in sich bedeutenden Sprache, ihr Verfahren das Sinnverstehen, ihr Gegenstand das im Prinzip unausdeutbare Werk, ihr Wirkungsbegriff Teilhabe an einem dem Wesen nach unendlichen Auslegungsprozeß, soziologisch gesehen, Integration und Kommunikation im Gegenstand, bzw. im Feld vorgegebener Bedeutungen. Dieser Wirkungsbegriff, der sich von dem aktualen Wirkungsbegriff der Dialektik unterscheidet, findet Eingang in die dialektische Soziologie, sobald sich diese der analytischen Soziologie annähert und ihren progressiven Kritikbegriff, angeregt durch die Systemforschung, in ein Interaktionsverhältnis mediatisiert[34]. Die Dialektik wird integrativ, behält jedoch ihre humane und humanisierende Qualifikation ausdrücklich bei, nur daß diese nicht mehr primär auf Veränderung, sondern, entsprechend der Anlehnung an die Hermeneutik, auf ein Sinnverstehen im Bestehenden geht. Ausdrücklich frei von diesen Wertimplikationen wird demgegenüber der Interaktionsbegriff in der empirischen Soziologie selbst gebraucht. Ihr Wirkungsbegriff ist analytisch-funktional. Mit ihm trifft der Wirkungsbegriff des Strukturalismus zusammen, der wie sie, weil er den Inhalt des jeweils Gemeinten zugunsten der Verständigung über ihn aussetzt, das Verhältnis von Gesellschaft und dem auf sie einwirkenden Gegenstand nach Art eines im Prinzip wertfreien, immer schon vorgegebenen Interaktionssystems geregelt sieht[35]. Im Unterschied zur Hermeneutik ist die Wirkung also nicht primär durch das Werk und die in ihm gesetzten Bedeutungen definiert, innerhalb derer sich die Verständigung ereignet oder vollzieht, sondern durch ein an sich wertfreies, nicht mehr zu hinterfragendes System der Verständigung, das durch solche Werke partiell stabilisiert, erweitert oder auch regeneriert werden kann. Hiervon unterscheidet sich schließlich der aktuale Wirkungsbegriff der Dialektik, dessen Aktualität gerade darin besteht, daß er die bestehenden Sinndeutungen oder Systeme inhaltlich hinterfragt. Die Dialektik besitzt im Unterschied zur Hermeneutik und zur Analytik nicht einen integrativen, bzw. funktionalen Wirkungsbegriff, sondern einen Handlungsbegriff der Wirkung. Sie zielt auf die Veränderung der gesetzten Bedeutungen und Funktionssysteme nicht nur im Sinn einer erweiterten Auslegung, bzw. systemimmanenter Innovationen, sondern im Sinn eines praktischen Realisationsanspruchs, weil sie sich selbst als den Vollzug eines notwendigen Handelns versteht[36]. Damit vertritt die Dialektik jedoch bereits eine besondere Ausformung des aktualen Wirkungsbegriffs: die Wirkung als Vollzug notwendigen Handelns. Außerhalb der wissenschaftstheoretisch begründeten methodologischen Einteilung stehen zwei weitere Möglichkeiten aktualer Wirkung: die ästhetische und die rhetorische. Sie verstehen sich im Unterschied zur Dialektik aktual im Blick auf ein mögliches Handeln: auf der Grundlage eines intentionalen Wirkungsbegriffs. Beide setzen im Unterschied zur spekulativen Dialektik keinen Begriff ihrer selbst als einer Handlung voraus — weder als Progression, wie in der klassischen Dialektik, noch als Negation, wie in der kritischen Theorie —, sondern nur den Begriff eines Vermögens zu handeln, der ihnen aus der Medialität, deren sie sich bedienen, als Verfügungsgewalt im Wort, bzw. in der Vorstellung oder im Gefühl, zuwächst[37]. Hierdurch unterscheiden sie sich vor allem auch von dem Wirkungsbegriff der Hermeneutik: die Sprachlichkeit umfaßt nicht per se schon den Sinn aller möglichen Wirkung, sondern sie ist, wie alle Bedeutung überhaupt, Ausgangspunkt einer intentional und teleologisch nicht determinierten Wirkung. Ästhetik und Rhetorik entziehen sich von jeher geflissentlich jeder philosophischen Zielsetzung, der theoretischen (auf Wahrheit gerichteten) ebenso wie der praktischen (auf das Gute gerichteten)[38]: nicht, weil sie im Unterschied zu jener allein oder insbesondere irrational wären, sondern weil sie dasjenige an einer Handlung thematisieren, was nicht funktional, integral oder teleologisch festgelegt ist.

Fünf Wirkungsbegriffe lassen sich mithin in einer methodologischen Vorüberlegung unterscheiden: der funktionale, der die Wirkung des Gegenstands durch ein System der Interaktion reguliert denkt, der integrale, der diese Wirkung als ein Verstehen im Medium des Gegenstands denkt, und der aktuale, der auf die Änderung oder Aufhebung sowohl des Systems einer solchen Interaktion als auch des Gegenstands oder der Bedeutung — in ihrer Eigenschaft, vorgegebenes Medium zu sein — geht. Der aktuale Wirkungsbegriff unterscheidet sich wiederum nach drei Formen, je nachdem, ob das Vermögen zu handeln hergestellt wird[39], ob Gebrauch von diesem Vermögen gemacht wird oder ob ein bereits zum Handeln bestimmtes Vermögen auf seinen Begriff gebracht und damit notwendig gemacht wird. Letzteres ist der Fall einer pädagogisch oder moralisch ausgeübten praktischen Dialektik[40]. Der ästhetische Wirkungsbegriff geht auf das Vermögen zu handeln, das hergestellt oder auch reflektiert wird, der rhetorische auf den Gebrauch dieses Vermögens. Mit dem funktionalen, dem integralen, dem ästhetischen, dem rhetorischen und dem dialektischen Wirkungsbegriff sind, soweit ich sehe, ausgehend von der Methodologie, die systematischen Möglichkeiten zu einer theoretischen Bestimmung erschöpft. Drei dieser Wirkungsbegriffe implizieren im Ansatz zugleich auch einen bestimmten Gesellschaftsbegriff: der funktionale versteht sich soziologisch im Zusammenhang vorgegebener Interaktionssysteme, der integrale setzt Gesellschaft als einen Verstehenszusammenhang, der sich in vorgegebenen Bedeutungen auslegt, voraus, der dialektische kritisiert die Gesellschaft vom Standpunkt einer Totalität aus, deren Realisation ihr aufgegeben ist. Der rhetorische und der ästhetische Wirkungsbegriff sind frei von einer solchen bestimmten Implikation. Dies entspricht der prinzipiellen Zweckoffenheit, die sie als intentionale Ausformungen des aktualen Wirkungsbegriffs im Unterschied zur Dialektik besitzen. Für die Rhetorik erklärt sich aus dieser Independenz, daß sie von alters her als *das* Verfahren der politischen Beeinflussung gilt[41]. Die ästhetische Wirkung ist demgegenüber frei von unmittelbarer pragmatischer Wirkung, gegen die sie sich als ästhetische Wirkung geradezu abschließt. Dies erklärt, weshalb ihre Funktion im Unterschied zur Rhetorik, doch mit ebenfalls auf die Antike zurückreichender Tradition, pädagogisch relevant wird. Auf diese Funktion, ausgehend von einem bestimmten Interpretationsproblem der *Ästhetischen Briefe* Schillers[42], soll sich im folgenden die Auseinandersetzung konzentrieren. Ein Beweis für die Wichtigkeit des eingeschlagenen Weges wird sein, daß die Frage des Handelns, von der wir oben ausgegangen sind, sich im Verlauf dieser Erörterung nicht verliert, sondern im Gegenteil an Präzision gewinnt.

2. Systematische Vorüberlegung

Wirkungsästhetik treiben heißt, eine im Lauf der Kulturgeschichte vergessene Tradition wieder aufleben zu lassen, die zwar — in der Entwicklungslinie Aristoteles, Lessing, Schiller, Brecht — als Primärtheorie an allen wichtigen Punkten der Literaturentwicklung erscheint, deren Gewicht als eine prinzipielle Alternative zur bislang weithin noch vorherrschenden Schöpfungs- und Inhaltsästhetik, bzw. zur gegenwärtig neu angeregten Spielästhetik von der Kulturwissenschaft noch nicht erfaßt wurde. Dieses Versäumnis, das einerseits eine wissenschaftsimmanente Aufgabe stellt, hängt andererseits mit der historischen Bestimmung des neuzeitlichen Handlungsbegriffs eng zusammen. Der Handlungsbegriff, der die Geschichtserwartung der Neuzeit prägt, ist nicht in der Ästhetik ausgebildet worden; doch als Spontaneität, die das antike kosmologische Zweckgefüge sprengt, als transzendentale Setzung, die dieses Zweckgefüge einer apriorischen Kritik unterwirft, als Setzung des Geistes, die dieses Zweckgefüge in Bewegung bringt und in direkte Konkurrenz zur theologischen *creatio ex nihilo*-Vorstellung tritt, hat er seinen ersten exemplarischen Ausdruck in der Ästhetik gefunden: als absolute Neuschöpfung in der Zeit, die alle Bedingtheiten außer Kraft setzt, bzw. hinterfängt in der Schöpfungsästhetik seit Shaftesbury und Herder, dialektisch auf die Vernunft zurückbezogen in der Inhaltsästhetik von Hegel bis Lukács. Statt nun aber den Unterschied zur Kunstmetaphysik im einzelnen, etwa bis zum Wirkungsbegriff der ästhetischen Theodizee Nietzsches oder bis zum Realismusstreit Lukács/Brecht herauszuarbeiten, wollen wir uns, weil hier noch so gut wie jede wissenschaftliche Vorarbeit fehlt, auf die Entwicklung in der davon unterschiedenen, anthropologischen Wirkungsästhetik konzentrieren, auf den Einbruch des Schöpfungsbegriffs in sie und die Konsequenz, die sich aus dieser Perspektive für den Praxisbezug der literarischen Wirkung ergibt.

3. Historische Vorüberlegung

Wirkungsästhetik wird in der Regel historisch im Zeichen der aristotelischen Katharsis-Theorie gesehen, ihrer sie einengenden Umdeutung im französischen Klassizismus und ihrer erweiterten Wiederherstellung durch Lessing[43], bzw. ihres — unter diesem Gesichtspunkt nie näher ausgeführten — Widerrufs bei Brecht[44]; das heißt aber, daß die für sie erst eigentlich entscheidende transzendentale Wende, die sie bei Schiller nimmt, unbeachtet bleibt. Hier hätte jedoch eine Geschichte der literarischen Wirkungsästhetik, die zudem auch die Phase der rhetorischen Überfremdung und deren hermeneutische Umdeutung in der politischen Wirkungsästhetik bei Brecht mit umfassen müßte, vor allem einzusetzen. Was besagt der antike Katharsisbegriff und was in Unterscheidung davon seine transzendentale Umdeutung bei Schiller? Es hat an Versuchen, die anthropologische Fremdbestimmung der Kunst an der Wurzel, d. h. der Tragödiendefinition des Aristoteles, durch Einschaltung eines modernisierten neuzeitlichen *eudaimonia*-Verständnisses zu heilen, nicht gefehlt. Die Einwände, die sich gegen die bei G. Lukács[45] oder H.-G. Gadamer[46] prätendierte aristotelische Kunstautonomie aus Aristoteles selbst aufdrängen, können kurz — und damit natürlich vergröbert — zusammengestellt werden. Unter der Voraussetzung der antiken anthropozentrischen Kosmologie gibt es drei Bestimmungen der *eudaimonia:* das Denken, das Handeln und das Genießen. Die Zuordnung dieser Faktoren, die praktisch unter dem Gesichtspunkt der Autarkie, des Sich-selbst-Genügens, erfolgt, führt zu einem klaren Primat des Denkens, der *theoria.* So ist der Staat, als die höchste Organisationsform der Praxis, vollendete Autarkie[47]; in ihm wiederum besitzt die vollendete Selbstgenügsamkeit aber der Weise, d. h. die Lebensart der sozial freigestellten Kontemplation, die in Muße der Wahrheit nachgeht[48]. Das Denken des Wahren ist zugleich auch der höchste Genuß. Der Versuch, demgegenüber auch eine Autonomie der Kunst zu beweisen, müßte über den Spielbegriff der aristotelischen *Politik* gehen. Hier zeigt sich aber — und zwar am Beispiel der Musik, die mit ihren ethischen, orgiastischen und pragmatischen

Charakteren über den Katharsisbegriff der *Poetik* hinausführt —, daß das Spiel bei Aristoteles wohl eine Antizipation der Glückseligkeit hervorzubringen vermag[49], nicht aber deren Realität, die allein im tugendhaften Handeln, d. h. in der selbstzweckhaften Praxis liegt, als welche in letzter Konsequenz wiederum nur die reine *theoria* gilt[50]. Das Denken ist mehr als jede bloße Antizipation und jedes bloße Vermögen; es ist, in freier, den Menschen uneingeschränkt und ganz umfassender Selbsttätigkeit *die* Autarkie. Zwar besteht die Einheit von Gut und Schön auch für Aristoteles noch, doch unter dem Primat des Guten, das, weil es wirkliche Tätigkeit ist und nicht nur deren Vermögen in Spiel oder Schein, mehr und vollkommener ist als das auf sich gestellte Schöne. Eine Selbständigkeit des Schönen gegenüber dem Handeln und gegenüber der Theorie gerade auch in dem Sinn, daß in ihm, dem Schönen, etwas wirklich wäre, das im Handeln und im Denken so nicht wirklich ist, gibt es erst später, in der Wirkungsästhetik namentlich bei Schiller: unter Voraussetzungen, die sich aus der Interpretation der *Ästhetischen Briefe* entwickeln lassen. Mit der Autonomie des Ästhetischen, die im Horizont möglichen Handelns prätendiert wird, tritt die Wirkungsästhetik aus dem anthropologisch gebundenen, normativ-anthropologischen Rahmen, den sie bei Aristoteles in der Poetik und der aus ihr abgeleiteten Katharsislehre besitzt, heraus. An die Stelle der psychagogisch, rhetorisch oder auch ethisch zu verstehenden *Reinigung von* oder *Reinigung der*[51] tritt die Herstellung eines Zustands, der anthropologisch zwar schon immer angelegt ist, dessen Wirklichkeit jedoch, die zugleich die Wirklichkeit des Menschlichen in einer »vollständigen anthropologischen Schätzung«[52] beinhaltet, besonderer Anstalten bedarf. Diese Anstalten, die Schiller unter dem Namen einer *ästhetischen Erziehung* zusammenfaßt, sind ihm, weil er sie, scheinbar im Widerspruch zu seinem ursprünglichen Konzept, zum Wesen der Sache selbst macht, oft als Inkonsequenz ausgelegt worden.

4. Zum Interpretationsproblem der *Ästhetischen Briefe*

Schiller geht in seiner Theorie eines hervorzubringenden *ästhetischen Zustands* bekanntlich von einem aktuellen politischen Ereignis aus, der

Französischen Revolution, deren Problematik er, gesellschaftstheoretisch durchaus auf der Höhe seiner Zeit, unter drei Gesichtspunkten betrachtet: der Ersetzung der willkürlich entstandenen Staats- und Gesellschaftsverfassungen durch »einen *Naturstand* in der Idee«[53], der daraus sich ergebenden Aporien in der praktischen Realisation und unter dem Gesichtspunkt einer geschichtsphilosophischen Lösung dieser Schwierigkeiten nach Art der dialektisch durchgeführten Theodizee. Letztere wird jedoch bei Schiller bereits im Augenblick ihrer Nennung zugunsten einer »vollständigen anthropologischen Schätzung« relativiert: »Kann aber wohl der Mensch dazu bestimmt sein, über irgendeinem Zwecke sich selbst zu versäumen? Sollte uns die Natur durch ihre Zwecke eine Vollkommenheit rauben können, welche uns die Vernunft durch die ihrigen vorschreibt? Es muß also falsch sein, daß die Ausbildung der einzelnen Kräfte das Opfer ihrer Totalität notwendig macht; oder wenn auch das Gesetz der Natur noch so sehr dahin strebte, so muß es bei uns stehen, diese Totalität in unsrer Natur, welche die Kunst zerstört hat, durch eine höhere Kunst wiederherzustellen[54].« Um so widersprechender scheint dann aber das Ende der *Ästhetischen Briefe* zu sein — sei es, daß Schiller vor der aktuellen historischen Forderung eines politischen Wirkungsanspruchs durch die Flucht in eine Spielwirklichkeit von Gesellschaft ausweicht[55], sei es, daß sich darin, wie Gadamer vermutet, eine »Verschiebung in der ontologischen Basis«[56] von den Fragen des Handelns zur Autonomie der Kunst ausdrückt —, wenn in einer ästhetischen Aufhebung Kunst und Kultur, die Bildung des *inneren Menschen*[57] nicht mehr als Bedingung der Möglichkeit für ein politisches Handeln, sondern als Selbstzweck angestrebt scheint. Schiller stellt dynamischen Staat = physischen Staat oder Notstaat, ethischen Staat = Staat nach Maßgabe *eines Naturstandes in der Idee* und ästhetischen Staat = Realität des Ideals im Schein des Schönen einander gegenüber: »Der dynamische Staat kann die Gesellschaft bloß möglich machen, indem er die Natur durch Natur bezähmt; der ethische Staat kann sie bloß (moralisch) notwendig machen, indem er den einzelnen Willen dem allgemeinen unterwirft; der ästhetische Staat allein kann sie wirklich machen, weil er den Willen des Ganzen durch die Natur des Individuums vollzieht[58].« Gibt Schiller damit, daß er dem ästhetischen Staat uneingeschränkt und uneingeschränkt nur dem ästhetischen Staat die volle Wirklichkeit des Ideals einer befreiten, humanen, allein durch sich selbst bestimmten Gesellschaft zuspricht, den politischen Anspruch einer Betrachtung im Horizont möglichen Handelns nicht preis? Wäre nicht gegen ihn, nimmt man den politischen Wirkungsanspruch des Beginns dieser Abhandlung beim Wort, das gleiche einzuwenden, was er gegen die geschichtsphilosophische Theodizee vorbringt, nämlich, daß der Mensch durch keinen Zweck bestimmt sein kann, sich selbst zu versäumen, vorausgesetzt, nicht handeln heißt, sich selbst versäumen? Die Beantwortung dieser Frage, die eine Entscheidung über Widerspruch und Nicht-Widerspruch in der Schillerschen Konzeption impliziert, führt — am Ende der europäischen Aufklärung, der Schiller über Kant und Rosseau zugehört — zu einer Aporie des neuzeitlichen Handlungsbegriffs: zum Umschlag in einen ästhetischen Voluntarismus.

5. Problemgeschichtliche Zuordnung

Den Voluntarismus als ein Problem der europäischen Aufklärung, mithin des analytischen Denkens zu verstehen, ist ebenso naheliegend wie ungewöhnlich. Der Ansatz ergibt sich aus einer Neubesinnung auf das seit Weber und E. Troeltsch zum Verstehen historischer Abläufe viel zitierte Säkularisierungsphänomen, das in der letzten Zeit durch die ideenpolitischen Analysen von H. Lübbe[59] und H. Blumenberg[60] eine neue kritische Grundlegung erhielt: von Säkularisierung oder Säkularisation im übertragenen, geisteswissenschaftlichen Sinn kann nur dann gesprochen werden, wenn in genauer Analogie zur politischen Geschichte ein Akt der Enteignung vorliegt[61]. Von Blumenbergs geistvoller Induktion in *Die Legitimität der Neuzeit* unterscheidet sich die hier vorgetragene Auffassung dadurch, daß sie an die Stelle, die bei ihm leer bleibt[62], den historisch nachweisbaren Inhalt einsetzt, von dem, um eine frühere Formulierung Blumenbergs zu gebrauchen, nicht gewiß ist, ob er, wenn ihn der Mensch vom Himmel, in den er ihn möglicherweise projiziert hat, wieder herunterholt, noch derselbe ist wie der, den er hinaufprojiziert hat[63]. Ein solcher Inhalt ist das Theologumenon der göttlichen Allmacht, die Vorstellung eines absolut vermögenden Wollens, die dem personalistischen Geschichts- und Handlungsdenken der europäischen Aufkärung aus der christlich-jüdischen Geschichtserwartung zugefallen ist. Über die Entstehung dieser Geschichtserwartung sowie des darin gesetzten Voluntarismus, ob sie religiös oder anthropologisch zu erklären ist, kann man verschiedenen Hypothesen anhängen. Sicher ist jedoch, daß mit ihr ein der Antike ursprünglich fremdes Element der Zweckoffenheit in die Handlungstheorie einzieht und daß eben dieses Element, das sich dem analytischen Denken nur schwer fügt, bei der Ausbildung der neuzeitlichen Praxisphilosophie, der Staats-, Gesellschafts- und Morallehre, schließlich auch des Historismus, eine entscheidende Rolle gespielt hat. Die Art der Rezeption, die von Hobbes über Rousseau bis Kant den Absolutismus des Wollens in kritischer Ausgrenzung von der Theologie begründet, zeigt die von Blumenberg verlangten Merkmale einer geisteswissenschaftlichen Säkularisation: Enteignung des absolut vermögenden Wollens, das von Gott auf Staat, Gesellschaft und Individuum übergeht, sowie die Übernahme des damit verbundenen Problemzusammenhangs ins Säkulare. Denn wie in der theologischen Auseinandersetzung über den metaphysischen Freiheitsbegriff seit Augustin tritt jetzt nach erfolgter Übereignung des absoluten Wollensanspruchs auf den Staat seit Hobbes das Problem der Selbstverpflichtung und damit der gesellschaftlichen Legitimität eines solchen Anspruchs in den Vordergrund: gesellschaftstheoretisch im Gedanken der *volonté générale* als »moralisch-metaphysischer Wesenheit« und nicht als juristischer Fiktion bei Rousseau[64], moraltheoretisch im Begriff des durch sich selbst bestimmten Willens bei Kant. Kant hat sich, um das Problem der Selbstverpflichtung in der absoluten Wollensmöglichkeit kritisch, d. h. aus reiner gesetzgebender Vernunft, zu lösen, auf seinen viel gerühmten und viel geschmähten transzendentalen Formalismus zurückgezogen. Damit entfällt, gemessen am voll ausgeführten Allmachtsbegriff der theologischen Tradition, bei Kant das dritte, für den absoluten Wollensanspruch konstitutive Element: nicht nur absolut vermögend und absolut gesollt, sondern darin auch absolut wirklich zu sein. In der Säkularisation des Allmachtsbegriffs durch die europäische Aufklärung bis Kant fehlt noch jene Veränderbarkeit des Denkens, die dem neuzeitlichen Praxisbegriff seit Hegel die für ihn bestimmende expansive Sprengkraft gibt. Dieses Moment, das in der herkömmlichen Problemgeschichtsschreibung aufgrund anderer Problemkonstanten meist zur Überleitung in den dialektischen Idealismus und damit zur Rückkehr in die Metaphysik führt, hat im Rahmen des analytischen Denkens der Aufklärung, genauer des transzendental-analytischen Denkens der ausgehenden Aufklärung, einen eigenen Ausdruck gefunden: in der ästhetischen Ausformulierung der Inhalte dieses Voluntarismus bei Schiller.

6. Auflösung der Interpretationsschwierigkeit

Schiller selbst gibt uns in der Mitte des 11. Briefes, wenn er mit der angekündigten transzendentalphilosophischen Deduktion beginnt, den authentischen Hinweis auf die Tradition, aus der er seine Leitvorstellung bezieht: »Ob nun gleich ein unendliches Wesen, eine Gottheit, nicht *werden* kann, so muß man doch eine Tendenz göttlich nennen, die das eigentlichste Merkmal der Gottheit, absolute Verkündigung des Vermögens (Wirklichkeit alles Möglichen) und absolute Einheit des Erscheinens (Notwendigkeit alles Wirklichen) zu ihrer unendlichen Aufgabe hat. Die Anlage zu der Gottheit trägt der Mensch unwidersprechlich in seiner Persönlichkeit in sich; der Weg zu der Gottheit, wenn man einen Weg nennen kann, was niemals zum Ziele führt, ist ihm aufgetan in den *Sinnen*[65].« Das Problem, das von Schiller hier in Gestalt der traditionellen Allmachtsformel eingeführt wird, ist, theologisch gesehen, das *ganze* Problem der christlich beeinflußten Handlungslehre, die absolut gerade auch in ihrem säkularen Verstand, in der voluntaristischen Aufwertung des Möglichen vor dem Notwendigen, ist. Nach antiker, teleologisch gebundener Auffassung kann die »Verkündigung des Vermögens« keine gleich ursprüngliche Bedeutung neben der »Notwendigkeit alles Wirklichen«, der erkannten Zwecktätigkeit, behaupten. Das je durchgeführte Handeln ist mehr als die Verkündigung seines Vermögens. Schiller gibt diesen, ihn auf das Zwecksystem des Bestehenden einschränkenden Grundsatz nicht preis. Doch er erweitert ihn um die »absolute Verkündigung des Vermögens«, die als »Wirklichkeit alles Möglichen« jedes bestehende Zwecksystem relativiert. Das Problem, das sich aus dieser doppelten Bestimmung des Handlungsbegriffs ergibt, wird — und darin liegt nun die eigentliche Säkularisation der theologischen Allmachtsformel bei Schiller — von Schiller transzendental-anthropologisch in Anknüpfung an Kant und in Absetzung von ihm gelöst. Die »Wirklichkeit alles Möglichen« ist bei Schiller — wie in der traditionellen Allmachtsformel — nicht die Möglichkeit alles Wirklichen, Potenz, die in den Akt übergeht und eben dadurch wirklich wird, sondern sie ist die »Wirklichkeit alles Möglichen«, selbst also eine Weise der Aktualität, der Wirkung oder des Seins, die — theologisch gesprochen — der Allmacht zugegeben werden muß, wenn diese unendlich oder absolut, also auch als Schöpferin anderer, d. h. möglicher Welten denkbar sein soll[66]. In dieser Weise, ausgehend von dem Gedanken der Allmacht Gottes, die der Realität nach unendlich viele verschiedene Welten in sich faßt, war schon das ausgehende Mittelalter, namentlich Nikolaus von Cues, auf die Absolutheit des Seins als ein Sein-Können im Horizont möglichen Vorstellens gekommen. Schiller übernimmt diese voluntaristische Differenzierung des Wirklichkeitsbegriffs, doch unter eindeutiger Präponderanz des Handelns. Die »Wirklichkeit alles Möglichen« ist nur im Wollen, das seinem Begriff nach noch nicht in ein Handeln übergegangen ist, in einem *ästhetischen Zustand* dieses Wollens.

Welche Funktion hat aber konkret der *ästhetische Zustand* des Wollens für das Handeln? Schiller versucht, seine schlechthinnige Unverzichtbarkeit transzendental-anthropologisch durch eine Analyse des Handlungsaktes selbst zu erweisen. Seine Deduktion ist nicht idealistische Metaphysik, die in der Aufhebung realer Widersprüche eine Eigenwirklichkeit des Schönen postulierte, sondern anthropologischer Kritizismus, indem sie das Schöne, statt es zu substantialisieren, als Bedingung der Möglichkeit des Handelns aus dem Zusammenhang der Aktstruktur des Handelns begreift. Das Schöne ist nicht selbst für sich, indem es den Gegensatz von Person und Zustand, Formalität und Realität, Spontaneität und Rezeption aktiv in sich aufhebt, eine Wirklichkeit, sondern in dieser Aufhebung, Vollendung und Harmonisierung stets nur Teil der Wirklichkeit, deren Erweiterung um das Mögliche als ein Moment am Handeln. Der Zustand, auf den es in diesem Zusammenhang ankommt, wird bekanntlich als ein Zustand der *»höchsten* Realität«[67], des vollkommen aktualisierten Vermögens und darin des Gleichgewichts zwischen den widersprechenden Bestimmungen, als ein Zustand der realen Zulassung gegenüber dem Wollen, der absoluten Wollensmöglichkeit vorgestellt: »Jeder dieser beiden Grundtriebe strebt, sobald er zur Entwicklung gekommen, seiner Natur nach und notwendig nach Befriedigung, aber eben darum, weil beide notwendig und beide doch nach entgegengesetzten Objekten streben, so hebt diese doppelte Nötigung sich gegenseitig auf, und der Wille behauptet eine vollkommene Freiheit zwischen beiden. Der Wille ist es also, der sich gegen beide Triebe als eine *Macht* (als Grund der Wirklichkeit) verhält, aber keiner von beiden kann sich für sich selbst als eine Macht gegen den andern verhalten[68].« Der ästhetische Zustand ist ein Zustand der absoluten Wollensmöglichkeit, darin Teil der Wirklichkeit, dem selbst, weil das Wollen »Grund der Wirklichkeit ist« (das Handeln hängt vom Wollen ab), Wirklichkeit zukommt, doch nicht Wirklichkeit außerhalb der Aktstruktur des Handelns. Für sich betrachtet, als Zustand der Person und auch der in ihm möglicherweise sich zusammenfindenden Gesellschaft, ist er ein Zustand *nur* des Vermögens, des ästhetischen Scheins: »Auf die Frage ›Inwieweit darf Schein in der moralischen Welt sein?‹ ist also die Antwort so kurz als bündig diese: Insoweit es ästhetischer Schein ist, d. h. Schein, der weder Realität vertreten will, noch von derselben vertreten zu werden braucht[69].« Damit löst sich jedoch die eingangs exponierte interpretatorische Schwierigkeit; denn als Schein, der Teil der sozialen Realität ist als Moment am Handlungsakt, somit konstitutiv, ohne ihn zu ersetzen, ist der ästhetische Staat, »weil er den Willen des Ganzen durch die Natur des Individuums vollzieht«, wirklich.

7. Versuch einer Applikation auf die gegenwärtige Situation

Das Interpretationsproblem, das die *Ästhetischen Briefe* aufgeben, wäre mit einer solchen Nachzeichnung des transzendental-anthropologischen Ansatzes gelöst. Der Schluß dieser Abhandlung widerspricht ihrem Anfang keineswegs, denn er ersetzt nicht die Realität des Handelns durch eine Realität des Schönen, der Kunst, der Kultur oder der Bildung, sondern er faßt diese — wie zu Beginn mit der Allmachtsformel prätendiert — als eine Erweiterung des Realitätsbegriffs im Horizont möglichen Handelns: transzendental notwendig für dieses Handeln, weil dieses nur im bewußten und im bewußt aktualisierten Zustand der Verkündigung seines Vermögens sich selbst in der Offenheit, die ihm zukommt, erfassen kann. Es bleibt abschließend für uns die Frage nach der Möglichkeit einer Applikation der so verstandenen Wirkungsästhetik Schillers, bzw. der Wirkungsästhetik überhaupt, die nur an einem — allerdings für sie wesentlichen — Punkt ihrer Geschichte genauer begriffen ist, auf die gegenwärtige Situation. Schiller kennt keinen Übergang aus dem Zustand des Vermögens in die Realität des Handelns, weder anthropologisch noch geschichtsphilosophisch: »Freilich besitzt er diese Menschheit der Anlage nach schon vor jedem bestimmten Zustand, in den er kommen kann, aber der Tat nach verliert er sie mit jedem bestimmten Zustand, in den er kommt, und sie muß ihm, wenn er zu einem entgegengesetzten soll übergehen können, jedesmal aufs neue durch das ästhetische Leben zurückgegeben werden[70].« Man könnte aus Schiller selbst gegen diese strikte Trennung einwenden, daß sie am Ende der *Ästhetischen Briefe* durch ein Wiederaufleben der kulturgeschichtlichen Perspektive zumindest gemildert wird. Unzweifelhaft ist jedoch, daß der Hauptteil der *Ästhetischen Briefe*, der transzendentale Beweisgang selbst, nicht über die kulturgeschichtliche Perspektive, sondern über die im Prinzip ungeschichtliche normativ-anthropologische Konstruktion eines *mittleren Zu-*

stands[71] läuft. Unter dieser Voraussetzung liegt es dann allerdings nahe, die normative Betrachtungsweise, die für das einzelne Individuum gilt, auch für die Gesellschaft in Anspruch zu nehmen, deren Übertritt in den *ästhetischen Staat* analog zur einzelnen Individualität vorgestellt ist. Auch der *ästhetische Staat* versteht sich im Horizont möglichen Handelns, als ein Zustand der Geselligkeit, der Gleichheit und der Harmonie in der Gesellschaft, neben dem die Zustände des Handelns dieser Gesellschaft, ihre Existenz als *dynamischer Staat* und als *ethischer Staat,* fortbestehen. Ist damit die historische Sicht, selbst wenn sie in der Gesamtkonzeption, wie nachgewiesen werden konnte[72], nicht die entscheidende Rolle spielt, im letzten nicht doch unterbewertet, bzw. welchen Sinn hat die Ausbildung des *ästhetischen Zustands* als eines *ästhetischen Zustands,* d. h. des bewußt reflektierten aktualisierten Vermögens, wenn der Anlage nach, normativ-anthropologisch, dieser Zustand schon immer gegeben ist?

Dies ist der Punkt, an dem eine Rückkehr zu unserer Ausgangsfrage nach der sozialen Funktion der Kultur und der Kulturwissenschaft unter den gegebenen Verhältnissen angezeigt und möglich erscheint. Das Historische läßt sich von der Schillerschen Konzeption so weit ablösen, daß jedenfalls keine geschichtsphilosophische Dialektik von Kultur und Handlungswirklichkeit zustandekommt[73]; doch es bleibt als bestimmender Faktor dadurch im Spiel, daß sich die ganze Konzeption eines *ästhetischen Zustands* für den einzelnen und für die Gesellschaft im Horizont möglichen Handelns versteht. Über das Handeln ist die Ausbildung eines *ästhetischen Zustands* der Möglichkeit und der Notwendigkeit nach an die Geschichte gebunden[74]. Nun stellt sich das Problem des Handelns, das Schiller im Bild der Französischen Revolution faßte, heute in veränderter Form: psychologisch als ein Problem der sozialen Repressionen, moralisch als ein Problem der fortschreitenden Verunsicherung, politisch als ein Problem der öffentlichen Meinungsbildung[75]. Ausgangspunkt für diese Fassung des Handlungsproblems, mit der Habermas, anknüpfend an die kulturtheoretische Utopie des späten Marcuse, die dialektische Auffassung in eine hermeneutische umzudeuten sucht, ist der Vorrang des Ökonomischen vor dem Politischen unter einer neuen Bedingung: der Ideologie des technokratischen Bewußtseins. Um sie zu treffen, führt Habermas eine neue Unterscheidung zwischen Arbeit = zweckrationalem Handeln und Interaktion = politisch-ethischer Praxis ein[76]. Handlung und kritische Rationalität, Momente, die sich an vorindustriellen Kulturen im »institutionellen Rahmen« bewähren[77], werden durch einen Akt der Kommunikation definiert: *»Rationalisierung auf der Ebene des institutionellen Rahmens* kann sich nur im Medium der sprachlich vermittelten Interaktion selber, nämlich durch eine *Entschränkung der Kommunikation* vollziehen. Die öffentliche, uneingeschränkte und herrschaftsfreie Diskussion über die Angemessenheit und Wünschbarkeit von handlungsorientierenden Grundsätzen und Normen im Lichte der soziokulturellen Rückwirkungen von fortschreitenden Sub-Systemen zweckrationalen Handelns — eine Kommunikation dieser Art auf allen Ebenen der politischen und der wieder politisch gemachten Willenbildungsprozesse ist das einzige Medium, in dem so etwas wie ›Rationalisierung‹ möglich ist[78].« Nicht nur aus der Sicht des Marxismus und der analytischen Soziologie[79], sondern auch vom Standpunkt der oben entwickelten Wirkungstheorie aus erscheint dieser Praxisbegriff höchst anfechtbar. Liest man ihn indessen als das, was er ist, als spekulative Umschreibung der Kulturform von Gesellschaft, d. h. der Gesellschaft im Status der Kommunikation und nicht der Aktion, dann lassen sich aus ihm gleich mehrere, die Wirkungstheorie postulativ ergänzende Bestimmungen herleiten. Die Wirkung im Kulturstand der Gesellschaft müßte kommunikativ, d. h. auf gegenseitiges Verstehen gerichtet sein, sie müßte individuierend sein, und sie müßte das politisch-ethische Willenspotential aktivieren, das unter der Herrschaft des zweckrationalen Handelns verdrängt wird. »Die neue Ideologie [des technokratischen Bewußtseins, H. T.] verletzt mithin ein Interesse, das an einer der beiden fundamentalen Bedingungen unserer kulturellen Existenz haftet: an Sprache, genauer an der durch umgangssprachliche Kommunikation bestimmten Form der Vergesellschaftung und Individuierung. Dieses Interesse erstreckt sich auf die Erhaltung einer Intersubjektivität der Verständigung ebenso wie auf die Herstellung einer von Herrschaft freien Kommunikation[80].« Diese Umschreibung eines institutionalen Kulturstands der Gesellschaft gleicht dem »Reich des schönen Scheins«, von dem Schiller spricht[81], doch mit dem Unterschied, daß Habermas kritisches Denken und Handeln in diesem Zustand schon gegeben sieht. Die Erörterung dieses Unterschiedes, mit der die Applikation der Wirkungsästhetik Schillers vorläufig abgeschlossen werden kann, rechtfertigt zugleich das Verfahren, den Begriff der institutionalen Interaktion in einem speziellen Sinn als den Kulturstand der Gesellschaft zu verstehen. Habermas unterstützt seine terminologische Unterscheidung von Arbeit und Interaktion zusätzlich zu ihrer kultursoziologischen Ableitung noch durch eine spekulative Deduktion aus der Dialektik Hegels: »Weil Hegel Selbstbewußtsein aus dem Interaktionszusammenhang komplementären Handelns, nämlich als Resultat eines Kampfes um Anerkennung begreift, durchschaut er den Begriff des autonomen Willens, der die eigentliche Würde der Kantischen Moralphilosophie auszumachen scheint, als eigentümliche Abstraktion vom sittlichen Verhältnis der kommunizierenden Einzelnen[82].« Diese spekulative Begründung, die eine hermeneutische Lesart der Hegelschen Dialektik ist, erklärt, mit welchem Recht Habermas dem Kulturstand der Kommunikation in eins Legitimität, Rationalität, Politizität und Moralität zusprechen kann. Der Kulturstand der Kommunikation ist mediatisierte Dialektik, Bildung, die nicht die Arbeit in sich aufhebt, sondern die ihr entgegensteht. Nun wäre gegen diese Entgegensetzung vom Standpunkt der oben getroffenen Unterscheidung aus — Gesellschaft im Status der Kommunikation = *ästhetischer Staat* und Gesellschaft im Status des Handelns = *ethischer* oder *dynamischer Staat* — wenig einzuwenden. Fragwürdig erscheint indessen der Versuch, dem Kulturstand der Kommunikation die Praxis zwar nicht in Vollständigkeit, wohl aber in ihrer wesentlichen Bedeutung, als ethisch-politisches Handeln, zuzusprechen. Der Kulturstand versteht sich nicht länger im Horizont möglichen Handelns, sondern — ethisch-politisch — als dessen Wirklichkeit. Zugleich verlangt aber die Doppelformel des ethisch-politischen Handelns, wenn dieses sich dem zweckrationalen Handeln in der Arbeit entgegensetzt, eine genauere Bestimmung. Diese Frage führt grundsätzlich nun auch über die Schillersche Konzeption hinaus. Zwar unterscheidet Schiller neben dem Status der Kommunikation zwei Zustände des Handelns in der Gesellschaft, den dynamischen und den moralischen, wobei jedoch offen bleibt, welche Rolle das Politische in diesen Status des Handelns spielen könnte und müßte. Ferner unterscheidet sich das Problem der Rationalität bei Schiller, das an der Aufklärung des 18. Jahrhunderts orientiert ist, grundsätzlich von der hier angesprochenen System- oder Zweckrationalität. Eine Erörterung, die die nächste Phase einer politisierenden Wirkung über die *Erweiterung der Menschheit*[83] hinaus auf der hier erarbeiteten Grundlage thematisieren wollte, müßte zu der nächsten epochalen Wende in der Geschichte der Wirkungstheorie fortschreiten, der Wirkungsästhetik Brechts und deren Programm: »dem fühlenden und denkenden Menschen die Welt, die Menschenwelt, für seine Praxis« auszuliefern[84]. Es steht zu erwarten, daß eine solche Ergänzung die Prolegomena zu einer Theorie der literarischen Wirkung abschließen könnte.

---

1 Dazu vgl. unten S. 14 ff.

2 Daß nach einer solchen Abgrenzung von der traditionellen Geisteswissenschaft, die Kultur- und Praxiswissenschaften verband, Kultur nicht eingeschränkt als hohe Kultur, bzw. im Gegensatz zu Zivilisation, verstanden wird, ist eine der wichtigsten Vorbedingungen für diese Untersuchung. Zum Kulturbegriff vgl. A. L. Kroeber u. C. Kluckhohn, Culture. A critical review of concepts and definitions (= Vintage Books 226), New York 1952.

3 H. Albert, Traktat über kritische Vernunft (= Die Einheit d. Gesellschaftswiss. 9), Tübingen [2]1969, S. 3 f.

4 In: H. M., Kultur und Gesellschaft I (= es 101), Frankfurt a. M. [9]1970, S. 56—101.

5 In: Wissenschaftliche Politik. Eine Einführung in Grundfragen ihrer Tradition und Theorie, hg. v. D. Oberndörfer (= Freiburger Stud. zu Politik u. Soziol.), Freiburg 1962, S. 365—420.

6 »Unter affirmativer Kultur sei jene der bürgerlichen Epoche angehörige Kultur verstanden, welche im Laufe ihrer eigenen Entwicklung dazu geführt hat, die geistig-seelische Welt als ein selbständiges Wertreich von der Zivilisation abzulösen und über sie zu erhöhen (a.a.O., S. 63).«

7 Ebd., S. 68.

8 Hierzu und im folgenden vgl. G. Rohrmoser, Das Elend der kritischen Theorie (= rombach hochschul paperb. 13), Freiburg [3]1973.

9 a.a.O., S. 388 f.

10 Ebd., S. 391.

11 Ebd., S. 394.

12 Ebd., S. 389.

13 Ebd., S. 410.

14 Wissenschaftstheoretisch gesehen, ist die wissenschaftssoziologische Analyse, weil sie sich noch aus dem Zusammenhang der alten Geschichtswissenschaften versteht, in ihrem Urteil offener als die Methodenreflexion der strengen Analytik (vgl. oben Anm. 3).

15 Tenbruck, a.a.O., S. 411 f.

16 Zu ihnen vgl. Der Positivismusstreit in der deutschen Soziologie (= ST 58), Neuwied/Berlin [2]1970.

17 J. Habermas, Technik und Wissenschaft als ›Ideologie‹, in: J. H., Technik und Wissenschaft als ›Ideologie‹ (= es 287), Frankfurt a. M. [6]1973, S. 48—103.

18 Die deutsche Ideologie, in: K. Marx u. F. Engels, Werke, hg. v. Inst. f. Marxismus-Leninismus b. ZK d. SED, 39 Bde. u. Erg.-Bd. (1 u. 2), Berlin 1965 ff., Bd. 3, [4]1969, S. 9—543, S. 35.

19 Rohrmoser, a.a.O., S. 54.

20 M. Weber, Wissenschaft als Beruf, in: M. W., Gesammelte Aufsätze zur Wissenschaftslehre, hg. v. J. Winckelmann, Tübingen [3]1968, S. 582—613, S. 598 f.

21 Ebd., S. 600.

22 Eine Frustration, die in letzter Konsequenz auf die ebenso alte wie prinzipiell ungelöste Dichotomie von Theorie und Praxis zurückgeht, die sich in der Soziologie jedoch deshalb besonders nachdrücklich bemerkbar macht, weil sie als Praxiswissenschaft — im Unterschied zum Historismus — über keinen sie selbst vermittelnden Inhalt verfügt.

23 Diesen Zug der klassischen Dialektik, der Hegelschen wie der Marxschen, hat die kritische Theorie bis heute bewahrt. Vgl. J. Habermas, Analytische Wissenschaftstheorie und Dialektik, in: Der Positivismusstreit, a.a.O., S. 155—191, S. 156: »Soweit das Selbstverständnis der Sozialwissenschaften von der analytischen Wissenschaftstheorie bestimmt ist, wittert die vermeintlich radikale Aufklärung in jedem dialektischen Zug ein Stück Mythologie — vielleicht nicht einmal ganz zu Unrecht; denn die dialektische Aufklärung, deren Stringenz sich die plane zu entwinden sucht, behält vom Mythos in der Tat eine durch den Positivismus preisgegebene Einsicht fest, die nämlich: daß der von Subjekten veranstaltete Forschungsprozeß dem objektiven Zusammenhang, der erkannt werden soll, durch die Akte des Erkennens hindurch selber zugehört. Diese Einsicht setzt freilich Gesellschaft als Totalität voraus, und Soziologen, die sich aus deren Zusammenhang reflektieren.« Dieses Zitat zeigt — im Spiel mit dem Begriff des Mythos — zwar zugleich die seit Platon bekannte Verwandtschaft von Dialektik und poetisch-mimetischer Verbildlichung; doch 1. ist Dichtung, um die es, wenn hier ein Vergleich gezogen würde, ginge, eben nicht Handlung im Sinn des Mythos, sondern deren ästhetische Umsetzung, und 2. muß sich auch die Dialektik selbst nicht unbedingt in diesem Sinn aus einer integralen Objektivität des Geschehens verstehen, wie nicht zuletzt die Platonische Dialektik durch ihre Dialogform zu erkennen gibt.

24 Dies gilt im Sinn der bestimmten Negation nur für Adorno, nicht für Habermas (dazu vgl. unten) oder Marcuse.

25 Th. W. Adorno, Einleitung zu: Der Positivismusstreit, a.a.O., S. 19.

26 Th. W. Adorno, Negative Dialektik, Frankfurt a. M. 1966, S. 15.

27 Habermas, Technik und Wissenschaft, a.a.O., S. 88.

28 Th. W. Adorno, Ästhetische Theorie (= Ges. Schr. 7), Frankfurt a. M. 1972, S. 15.

29 Dazu vgl. H. Turk, Dialektischer Dialog. Literaturwissenschaftliche Untersuchung zum Problem der Verständigung, Göttingen 1975.

30 Zur Dialektik in der gegenwärtigen Analytik vgl. neben Albert, a.a.O., S. 173 ff. auch deren logische Grundlegung: W. Kamlah u. P. Lorenzen, Logische Propädeutik oder Vorschule des vernünftigen Redens (= Bibl. Inst. Hochschultb. 227/227a), Mannheim 1967.

31 Die Schwierigkeit, die in diesem Verhältnis steckt, läßt sich an jeder dialektisch konzipierten Kulturtheorie ablesen, am deutlichsten jedoch bei Lukács, der schließlich, um ihr zu entgehen, der philosophischen Dialektik selbst — nicht ohne eine gewisse Berechtigung — eine Entlehnung aus der Ästhetik nachsagt. Vgl. G. Lukács, Ästhetik I/1 (= Werke 11), Neuwied/Berlin 1963, S. 560 f.

32 Zur ersten Einführung in die allgemeine Methodologie vgl. die Darstellung von H. Seiffert, Einführung in die Wissenschaftstheorie 1 u. 2 (= Beck'sche Schwarze R. 60 u. 61), München 1970; ferner zu einzelnen Problemen der Methodologie die verschiedenen Beiträge in der Festschrift für H.-G. Gadamer, Hermeneutik und Dialektik. Aufsätze I u. II, hg. v. R. Bubner, K. Cramer u. R. Wiehl, Tübingen 1970.

33 Vgl. die Theorie des Vorurteils bei Gadamer, in: H.-G. G., Wahrheit und Methode. Grundzüge einer philosophischen Hermeneutik, Tübingen ²1965, S. 255 ff.; zur Sprachlichkeit als Modell hermeneutischen Verstehens ebd., S. 361 ff.; vgl. vor allem aber die *Analyse des wirkungsgeschichtlichen Bewußtseins,* ebd., S. 324 ff., die eine von der hier vorgetragenen abweichende Theorie der literarischen Wirkung entwickelt.

34 J. Habermas, Arbeit und Interaktion. Bemerkungen zu Hegels Jenenser ›Philosophie des Geistes‹, in: J. H., Technik und Wissenschaft, a.a.O., S. 9—47. Zur Mediatisierung der Hegelschen Dialektik vgl. ebd., S. 13: »Geist ist dann nicht das Fundamentum, das der Subjektivität des Selbst im Selbstbewußtsein zugrunde liegt, sondern das Medium, *in* dem ein Ich mit einem anderen Ich kommuniziert und *aus* dem, als einer absoluten Vermittlung, beide zu Subjekten wechselseitig sich erst bilden.« Zur Rezeption analytischer Modelle vgl. Habermas, Technik und Wissenschaft, ebd., S. 82 f.; zu ihrer hermeneutischen Umdeutung ebd., S. 83: »Die moralische Durchsetzung einer sanktionierten Ordnung, und damit kommunikatives Handeln, das an sprachlich artikuliertem Sinn orientiert ist und die Verinnerlichung von Normen voraussetzt, wird in zunehmendem Umfang durch konditionierte Verhaltensweisen abgelöst [...].«

35 Dieser Zug findet sich gerade auch bei vermeintlich nicht-modischen Literaturwissenschaftlern; so z. B. in der Blumenberg-Nachfolge (H. Blumenberg, Die Legitimität der Neuzeit, Frankfurt a. M. 1966) bei H. R. Jauß, Literaturgeschichte als Provokation (= es 418), Frankfurt a. M. 1970, S. 144—207.

36 Vgl. die Umdeutung des christlichen Heilsmythos in eine Selbstverwirklichung des Geistes bei Hegel in der *Phänomenologie des Geistes,* in: G. W. F. Hegel, Sämtliche Werke, Jubiläumsausg. in 20 Bdn., hg. v. H. Glockner, Stuttgart/Bad Cannstatt ⁴1961—1968, Bd. 2, 1964, S. 569—601 (Die offenbare Religion).

37 Zum Wirkungsbegriff der Rhetorik vgl. Aristoteles, Rhetorik, Buch I; in der Übers. von K. L. Roth (= Werke 1, Schr. z. Rhetorik u. Poetik), Stuttgart 1833, S. 11 ff. Vgl. ferner die Kritik an der Verfügungsgewalt des Wortes bei Platon im *Gorgias*.

38 Mit Ausnahme des Neuplatonismus und der ihm folgenden Tradition. Doch hier ließe sich ebensogut von einer Überformung des Philosophischen durch das Ästhetische reden. Vgl. oben Anm. 31.

39 Der Gesichtspunkt, es handle sich bei der ästhetischen Wirkung um die Herstellung eines Vermögens, findet sich schon in der Antike, allerdings mit dem Unterschied, daß es sich bei Platon im 2. Buch der *Gesetze* und ebenso bei Aristoteles im 8. Buch der *Politik* um die Herstellung bestimmter seelischer Verhaltensformen handelt. — Daß der Begriff des Ästhetischen in diesem Zusammenhang nur vorbehaltlich verwendet werden kann, unterliegt keinem Zweifel. Andererseits ist es in diesem Rahmen aber kaum möglich, eine genauere Differenzierung in diesem Punkt vorzunehmen.

40 Vgl. die sokratische Dialektik in den Platonischen Dialogen.

41 Vgl. oben Anm. 37.

42 Über die ästhetische Erziehung des Menschen in einer Reihe von Briefen, in: F. Schiller, Sämtliche Werke, hg. v. G. Fricke u. H. G. Göpfert, 5 Bde., München [3]1962, Bd. 5, S. 570—669.

43 Die immer noch überzeugendste Darstellung dieses Zusammenhangs gibt M. Kommerell, Lessing und Aristoteles. Untersuchung über die Theorie der Tragödie, Frankfurt a. M. [3]1960.

44 Wichtige Hinweise im Rahmen der Brechtinterpretation finden sich bei W. Hinck, Die Dramaturgie des späten Brecht (= Palaestra 229), Göttingen 1971.

45 Ästhetik I/1, a.a.O., S. 393 ff. Vgl. auch Goethes Umdeutung in der *Nachlese zu Aristoteles' Poetik*, in: Goethes Werke, Hamburger Ausg. in 14 Bdn., Hamburg [5]1960—1964, Bd. 12, 1963, S. 342—345.

46 a.a.O., S. 122 ff.; ähnlich auch F. Tomberg, Mimesis der Praxis und abstrakte Kunst. Ein Versuch über die Mimesistheorie (= Soziol. Essays), Neuwied/Berlin 1968, S. 22 ff.

47 Aristoteles, Politik, Buch I, Kap. 2; in der Übers. von F. Susemihl, hg. v. N. Tsouyopoulos u. E. Grassi (= RK 171/173), [Reinbek] 1965, S. 10.

48 Ebd., Buch VII, Kap. 3, S. 233 f.

49 Ebd., Buch VIII, Kap. 5, S. 275 ff.

50 Nikomachische Ethik, Buch X, Kap. 6—8; in der Übers. von F. Dirlmeier (= RUB 8586—90), Stuttgart 1971, S. 285—293.

51 Eine genaue Darstellung gibt W. Schadewaldt, Furcht und Mitleid? (1955), in: W. S., Antike und Gegenwart. Über die Tragödie (= dtv 342), München 1966, S. 16—60.

52 Schiller, a.a.O., S. 577.

53 Ebd., S. 574.

54 Ebd., S. 588.

55 So G. Lukács, Schillers Theorie der modernen Literatur, in: G. L., Faust und Faustus (= rde 285), Reinbek 1973, S. 76—109, S. 109.

56 a.a.O., S. 78. Zu einer ähnlichen Deutung kommt, allerdings ausgezogen zu einer psychoanalytisch motivierten Realutopie, der späte Marcuse. H. Marcuse, Triebstruktur und Gesellschaft. Ein philosophischer Beitrag zu Sigmund Freud, dt. v. M. von Eckardt-Jaffe (= BS 158), Frankfurt a. M. 1971, S. 184—194.

57 a.a.O., S. 665 ff.

58 Ebd., S. 667.

59 Säkularisierung. Geschichte eines ideenpolitischen Begriffs, Freiburg/München 1965.

60 Die Legitimität der Neuzeit, a.a.O.

61 Ebd., S. 48 ff.

62 Ebd., S. 440 f.: »Setzt man also voraus, daß die Epochenkategorie nicht eine rein nominalistische Ordnungsfunktion hat, so ergibt sich als methodische Konsequenz aus diesem Ansatz, daß das ›Ereignis‹ des Epochenwandels nur in der Weise der Interpolation faßbar wird. Von zwei zeitlich genügend weit auseinander liegenden Punkten her läßt sich sagen, daß die Epochenwende von dem früheren Zeitpunkt aus gesehen noch bevorsteht, von dem späteren her schon eingetreten ist. Dieses Noch-Nicht und dieses Schon indizieren das, was dazwischen liegt.« Nach diesem Konstrukt einer spekulativen Analytik, das methodologisch das ganze System der ausgebreiteten Vakanzentheorie trägt, ist nicht nur das Gegensatzpaar Cusaner und Nolaner, bzw. ausgehendes Mittelalter und beginnende Neuzeit vorgestellt: in der Formel »Telosschwund« und »Selbstbehauptung« (S. 101), sondern auch der Epochenbruch zwischen Antike und Christentum: in dem Modell der noch nicht gestellten (S. 211 u. ö.) und der bereits enttäuschten Geschichtserwartung (S. 27 ff.).

63 H. Blumenberg, ›Säkularisation‹. Kritik einer Kategorie historischer Illegitimität, in: Verh. d. 7. Dt. Kongr. f. Philos. (1964), S. 240—265, S. 262.

64 I. Fetscher, Rousseaus Politische Philosophie. Zur Geschichte des demokratischen Freiheitsbegriffs (= Politica 1), Neuwied/Berlin [2]1968, S. 113.

65 a.a.O., S. 602 f.

66 Beispiele aus dem Nominalismus für diese Vorstellung finden sich bei Blumenberg, Die Legitimität der Neuzeit, a.a.O., S. 108 ff.

67 a.a.O., S. 637.

68 Ebd., S. 630.

69 Ebd., S. 660.

70 Ebd., S. 636.

71 Ebd., S. 624 ff. (18. Brief).

72 Für einen vollständig durchgeführten Beweis wäre allerdings die Beiziehung auch der anderen theoretischen Schriften Schillers erforderlich, sowie eine ins einzelne gehende Aufbauanalyse der *Ästhetischen Briefe* und schließlich eine Nachprüfung des wirkungsästhetischen Ansatzes an den Dramen und an der Lyrik. Es spricht aber einiges dafür, daß gerade auf der Grundlage dieses Ansatzes nicht nur bislang offen gebliebene Fragen der Dramen- und der Lyrikinterpretation — Einzelprobleme wie die viel umrätselte »moralische Unmöglichkeit« der Szene III/4 in der *Maria Stuart,* allgemeine Fragen wie die Rolle der Großmutszene, bzw. die fehlende Individualisierung in der Rede zugunsten einer rhetorischen Redegestaltung — geklärt werden können, sondern daß sich auf dieser Grundlage auch die ganze theoretische Reflexion Schillers in einen durchaus schlüssigen, von Frage zu Frage stetig fortschreitenden, bruchlosen und in sich begründeten Argumentationsgang fügt.

73 Anderer Auffassung ist B. von Wiese, Friedrich Schiller, Stuttgart [3]1963, S. 478—503.

74 In diesem Punkt wäre der Interpretation Marcuses, der auf die ökonomischen Bedingungen, die der *ästhetische Staat* voraussetzt, nachdrücklich hinweist, zuzustimmen. Triebstruktur und Gesellschaft, a.a.O., S. 193.

75 Diese Zusammenstellung stützt sich auf Habermas, Technik und Wissenschaft, a.a.O., S. 48 ff., sowie, was die öffentliche Meinungsbildung betrifft, auf J. Habermas, Strukturwandel der Öffentlichkeit. Untersuchungen zu einer Kategorie der bürgerlichen Gesellschaft (= SL 25), Neuwied/Berlin [5]1971.

76 Die Gleichsetzung des Politischen mit dem Ethischen im Praxisbegriff zeigt sich an verschiedenen Stellen. Im Urteil über die ältere Form der Herrschaft heißt es: »Die Politik älteren Stils war allein schon durch die Legitimationsform der Herrschaft gehalten, sich im Verhältnis zu praktischen Zielen zu bestimmen: die Interpretationen des ›guten Lebens‹ waren auf Interaktions-Zusammenhänge gerichtet.« (Technik und Wissenschaft, a.a.O., S. 78) Über die Ideologie des technokratischen Bewußtseins heißt es: »Die neue Politik des staatlichen Interventionismus verlangt darum eine *Entpolitisierung* der Masse der Bevölkerung. Im Maße der Ausschaltung der praktischen Fragen wird auch die politische Öffentlichkeit funktionslos.« (ebd., S. 78) Fragt man nach der Art dieser praktischen Fragen, so ergibt sich als Antwort: »Hegels sittliche Totalität eines Lebenszusammenhangs, der dadurch zerrissen wird, daß *ein* Subjekt die Bedürfnisse *des anderen* nicht reziprok befriedigt, ist kein angemessenes Modell mehr für das mediatisierte Klassenverhältnis im organisierten Spätkapitalismus. Die stillgelegte Dialektik des Sittlichen erzeugt den eigentümlichen Schein der Post-Historie.« (ebd. S. 88)

77 Ebd., S. 65 f.

78 Ebd., S. 98.

79 Rohrmoser, a.a.O., S. 89.

80 Technik und Wissenschaft, a.a.O., S. 91.

81 a.a.O., S. 668.

82 Arbeit und Interaktion, a.a.O., S. 20. Auch vom Standpunkt der Hegelinterpretation aus ist diese Deutung problematisch. Vgl. oben Anm. 34.

83 Schiller, a.a.O., S. 656.

84 Materialien zu Brechts ›Leben des Galilei‹ (= es 44), Frankfurt a. M. [9]1973, S. 26.

Wirkungsästhetik:
Aristoteles, Lessing, Schiller, Brecht

Der wirkungstheoretische Ansatz unterscheidet sich in der Fragestellung von den Ansätzen der Darstellungs-, Produktions-, Rede-, Rezeptions- oder Regeltheorie des Textes. Der Text kann entweder das Ganze der durch ihn hervorgebrachten Wirkung sein:

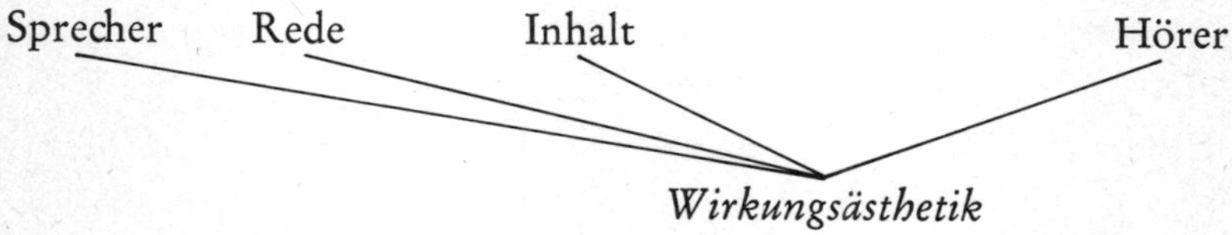

oder das Ganze der in ihm dargestellten Handlung:

oder das Ganze des Hervorbringungsaktes:

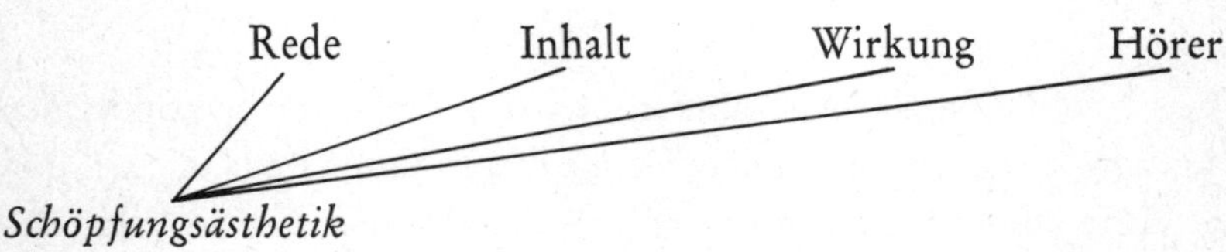

oder das Ganze der Rede, durch die hervorgebracht wird:

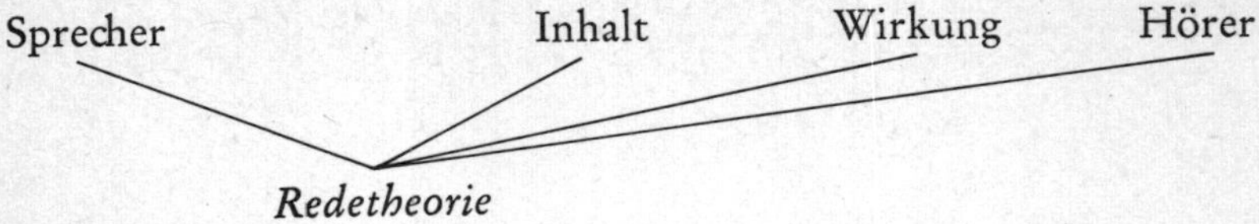

oder das Ganze der Rezeption, für die hervorgebracht wird:

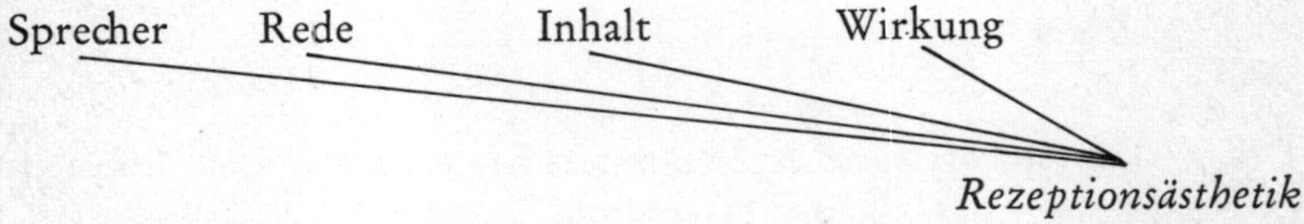

oder das Ganze der Regel, nach der hervorgebracht wird:

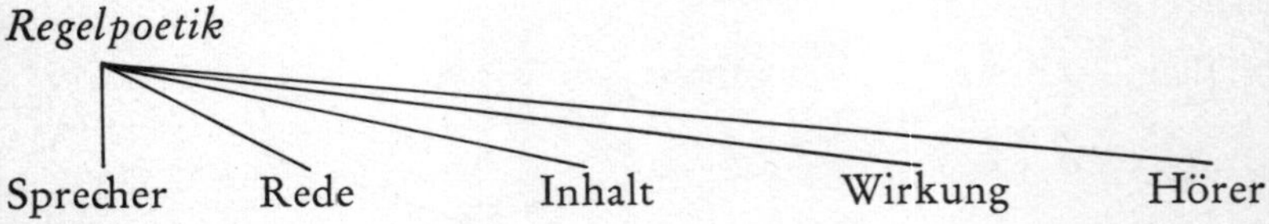

Die Wirkungsästhetik ist *ein* Versuch, die Einheit und Ganzheit kontingenter Redewerke zu bestimmen. Indem sie die Wirklichkeit der Texte aus dem Standpunkt der in ihnen angelegten Wirkung definiert, verlangt sie nach einer handlungstheoretischen Grundlegung des Ästhetischen. Das Ästhetische wird als konstitutiver Bestandteil der politischen, sozialen, moralischen und psychischen Handlungswirklichkeit definiert. Die Geschichte der Wirkungsästhetik ist die Geschichte der Ausarbeitung dieses Begründungsansatzes.

1

»Die Tragödie ist die Nachahmung einer edlen und abgeschlossenen Handlung von einer bestimmten Größe in gewählter Rede, derart, daß jede Form solcher Rede in gesonderten Teilen erscheint und daß gehandelt und nicht berichtet wird und daß mit Hilfe von Mitleid und Furcht eine Reinigung von eben derartigen Affekten bewerkstelligt wird[1].« Aristoteles begreift das Ganze der Tragödie als das Ganze ihrer Wirkung aus der formalen Konstitution. Unter dem Aspekt der Wirkung ist die Werk- oder Schönheitsregel gesehen: »Ferner, da die Schönheit bei einem Lebewesen und bei jedem zusammengesetzten Dinge nicht nur darin besteht, daß die Teile wohl geordnet sind, sondern daß das Ganze eine bestimmte, nicht beliebige Größe besitzt (denn die Schönheit besteht in Größe und Ordnung; darum kann weder ein ganz kleines Lebewesen schön sein — die Anschauung hört nämlich auf, wenn sie einer unwahrnehmbaren Größe nahekommt — noch ein ganz großes, denn da vollzieht sich die Anschauung nicht auf einmal, sondern das Eine und Ganze entweicht dem Anschauenden aus der Anschauung, etwa wenn ein Lebewesen zehntausend Stadien groß wäre), wie also die Körper und Lebewesen eine bestimmte Größe haben müssen und diese übersichtlich sein soll, so muß auch der Mythos eine bestimmte Länge haben; diese muß erinnerlich bleiben können[2].« Als Zweckmäßigkeit für die Anschauung des Zuschauers gibt die Schönheit die objektive Bedingung an, unter der die Tragödie wirkt.

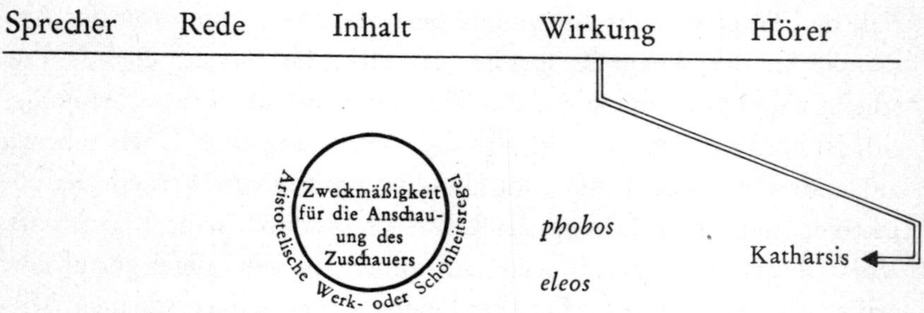

Die Schönheit ist eine Bestimmung des Werks. Die Wirkung der Tragödie wird von Aristoteles anthropologisch bestimmt: als Erregung *und* Reinigung von Furcht und Mitleid. Welche Rolle spielt das Ästhetische in der Erregung *und* Reinigung von Furcht und Mitleid *(phobos* und *eleos)*[3]?

Die Tragödie ist in dreifacher Weise auf die Handlungswirklichkeit bezogen. Als *mimesis praxeos* stellt sie Handlung dar. Als *poiesis* ist sie das Handeln des Dichters. Als Katharsis wirkt sie auf das Handeln der Zuschauer. Um die Rolle des Ästhetischen in der Erregung und Reinigung von Furcht und Mitleid zu bestimmen, müssen wir uns den handlungstheoretischen Grundlagen der *Poetik* zuwenden. Die *Rhetorik*, die zur Beantwortung dieser Frage heranzuziehen ist[4], läßt keinen Zweifel darüber, daß Aristoteles die Affekte *Furcht* und *Mitleid* durch ein Vorstellungsverhältnis vermittelt sieht. Beide sind *Störungen*[5] der Seele, die es nach Möglichkeit zu mäßigen gilt. »Es sey die Furcht ein unangenehmes oder beunruhigendes Gefühl, entstanden aus der Vorstellung eines bevorstehenden Uebels, das entweder von verderblicher oder wehthuender Art ist[6].« Für das Mitleid gilt, was für die Furcht gilt. Es unterscheidet sich von der Furcht lediglich dadurch, daß an die Stelle des Selbstbezugs der Bezug auf andere tritt. Das Mitleid definiert sich durch die Furcht: »Ueberhaupt muß man sich hier merken, daß, Was man bei sich fürchtet, Gegenstand des Mitleids ist, woferne es bei Andern vorfällt[7].« Die Furcht definiert sich durch das Mitleid: »Kurz, furchtbar ist Alles, was, wenn es bei Andern geschieht oder bevorsteht, Mitleid erregt[8].« Nun ist aber die Vorstellung eines Übels im Fall der Tragödie stets auf andere bezogen. Die Furcht, von der Aristoteles in der *Rhetorik* spricht, ist wirkliche Furcht. Gerade dies scheint eine Übertragung auf die Wirkungsweise der Tragödie unmöglich zu machen[9]. Das Mitleid, das die Vorstellung eines Übels inbezug auf andere ist, bedarf, um zum Handlungsantrieb zu werden, der objektiven Veranschaulichung des Leids. Es ist durch seine Eigenschaft, Vorstellung eines Übels inbezug auf andere zu sein, angelegt auf eine ästhetische Vermittlung. »Da aber Leiden, die als nahe erscheinen, Mitleid erregen, und man solches bei Dingen, welche in die Zeit vor oder nach zehntausend Jahren fallen, und für die man keine Erwartung und keine Erinnerung hat, entweder gar kein, oder nicht gleiches Mitleid fühlt, so folgt, daß man durch Unterstützung des Eindrucks mit Stellung, Stimme, Gewand, überhaupt mit der Kunst der Darstellung mitleidswerther wird[10].« Die Furcht — als persönlich reale Vorstellung eines bevorstehenden Übels — eignet sich nicht von sich aus zur Bestimmung der tragischen Wirkung. Sie müßte als *Mitfurcht*, die eine durch die Bedingung des Mitleids eingeschränkte Furcht wäre, interpretiert werden. In diesem Sinn löst M. Kommerell — grundsätzlich in Übereinstimmung mit Lessing — das Problem des Ästhetischen in der Wirkung: »Unwidersprechlich ist die tragische Furcht also ›Mitfurcht‹, Furcht im Namen eines andern[11].« Die Furcht könnte aber auch, wenn man die Wirkung aus der Katharsis interpretiert, als »Urlust am Schrecklichen« unabhängig vom Mitleid eine ästhetische Qualität besitzen[12]. Damit wäre nun zwar eine moralische Verknüpfung von Furcht und Mitleid vermieden[13] — Lessing definierte die Furcht als das »auf uns selbst bezogene Mitleid«[14], Corneille verstand die Furcht, ausgehend von der Katharsis, als Abschreckung[15] — ungeklärt bleibt jedoch das Zusammenwirken von Furcht und Mitleid zu *einer* tragischen Wirkung, sowie das praktische Verständnis von *phobos* und *eleos* bei Aristoteles in der *Poetik*.

Aristoteles verwendet die Begriffe *phobos* und *eleos* nicht in ihrer ästhetischen, sondern in ihrer praktischen Bedeutung. Die Schwierigkeit, die daraus entsteht, tritt zutage, sobald man die Wirkungsformel der Aristotelischen *Poetik* aus dem moralischen Vorverständnis der Aufklärung löst. Kommerell interpretiert — wie Lessing — die Katharsis aus der Wirkungsformel. Er begründet die zentrale Stellung des Mitleids ästhetisch: »Darin liegt, daß die Tragödie allein die Selbstverwechslung des ein Kunstwerk aufnehmenden Menschen mit dem Dargestellten, seiner Lage mit der Lage des Dargestellten herbeizuführen weiß[16].« Seine These von der *Mitfurcht* kann sich in der ästhetischen Beurteilung auf den Umstand stützen, daß Aristoteles für die Furcht *wie* für das Mitleid eine Ähnlichkeit mit dem Zuschauer verlangt[17]. Nun gilt aber für das Mitleid, daß Aristoteles es sowohl moralisch als auch in der ästhetischen Schätzung einschränkt. Aristoteles ignoriert am Mitleid, das die Tragödie erregt, die Lust, die es erregt. Er unterwirft es einer moralischen Bedingung, durch die es als Handlungsantrieb akzeptierbar wird: der Unzurechenbarkeit oder Unverdientheit des Leids. Die Ausschließung der Lust, durch die sich das

Mitleid zur Erklärung der Tragödienwirkung qualifiziert, ist die Ausschließung einer moralischen *Fraglichkeit* in der Tragödienwirkung: »Hingegen fehlt bei Aristoteles jeder Hinweis auf die Lust im Mitleid und den verwandten Gefühlen; die οἰκειά ἡδονὴ der Tragödie ist keineswegs auf sie gegründet, und die eigentliche Fraglichkeit solcher Affekte tut sich nicht der hellen Scharfsicht des Aristoteles, sondern dem Tiefsinn Platos auf [...][18].« Aristoteles denkt im Unterschied zu Platon das Mitleid, das die Tragödie erregt, ohne die Lust, die es begleitet. Eben deshalb kann er — anders als Platon — die Tragödie für gerechtfertigt halten. Er rechtfertigt sie — vom Standpunkt der Handlungswirklichkeit aus — im Schutz der Unverdientheitsklausel. Die Unverdientheit des Leidens ist nicht, wie bei Lessing, als Bedingung gedacht, die eine Identifikation *ermöglicht*, sondern, mit Rücksicht auf die Einwände Platons, als Bedingung, die eine Identifikation *zuläßt*. Aristoteles rechnet das Mitleid zu den Leidenschaften *(pathe)* oder *Störungen* der Seele. Dem entspricht auf der Seite der moralischen Schätzung, daß es nicht uneingeschränkt als Handlungsantrieb gelten kann, sondern nur, wenn es unter bestimmten Bedingungen auftritt. Es muß, *um moralisch möglich zu sein*, nach Recht und Billigkeit unabwendbar sein. »Nicht das Leiden eines andern erweckt Mitleid, sondern das unverdiente Leiden eines andern. Das Mitleid ist also in Verbindung gebracht mit unserm Gerechtigkeitsgefühl [...][19].« Dies ist die Bedeutung, in der das Mitleid bei Aristoteles in der *Rhetorik wie* in der *Poetik* auftritt, in der es als Mittel der Affektbeeinflussung zulässig, als Praxis der Tragödienwirkung wünschenswert ist. Indem die Tragödie von einem Übermaß an sozial eingeübter Ansprechbarkeit für das Leid anderer befreit, erfüllt sie eine Funktion in der Wirklichkeit. Die Restriktion des Mitleids, die sich in der Moralauffassung der Antike aus dem Grundsatz der Vorsätzlichkeit für den Fall des freien Handelns erklärt[20], gilt auch für die Tragödienwirkung. Wie läßt sich dann aber die Werk- oder Schönheitsformel der *Poetik* verstehen, die gleichwohl mit dem Anspruch auftritt, Bedingung der Möglichkeit dieser Wirkung zu sein?

Die Tragödie bezieht sich durch ihre Wirkung, durch die Handlung, die dargestellt wird, und durch das Handeln des Poeten auf die Wirklichkeit. Es liegt nahe, die Funktion des Ästhetischen, die sich aus der Wesensbestimmung der Tragödie nicht herleiten läßt, mittelbar entweder über das darzustellende Handeln oder über das Darstellungshandeln zu bestimmen. Kommerell wählt den ersten Weg, indem er den Mythos, die dargestellte Handlung, nach Art der Schönheitsregel als eine »Geschehensindividualität« gegeben denkt[21]. Damit wird jedoch im Widerspruch zur *techne poetike* das Handeln insgesamt zu einer ästhetischen Organisation verklärt[22]. Der Charakter der *techne poetike* legt den zweiten Weg nahe, das Ästhetische über das Darstellungshandeln des Poeten auf den Zuschauer zu beziehen. Das Ästhetische ist weder eine Bestimmung des dargestellten Handelns noch eine Bestimmung der Wirkung, sondern es ist eine dem Darstellen innewohnende Bedingung der Wirkung, die objektiv die Voraussetzungen der Furcht- und Mitleiderregung erfüllt. Das Darstellungshandeln des Poeten ist ein Herstellen; es ist wie jedes Herstellen ein Herstellen nach Regeln. Als Herstellen nach Regeln ist es einem Zweck außerhalb seiner unterworfen: dem Gebrauch oder der technisch ermöglichten Wirkung, die das Produkt eines jeden Herstellungshandelns bei sich führt[23]. Die Aristotelische Poetik ist eine Werkpoetik. Ihre Schönheitsformel ist als Werkformel vom Standpunkt des Herstellungshandelns aus auf die Handlungswirklichkeit bezogen. Dies bedeutet für die Katharsis, daß sie sich, entsprechend dem Mitleidsbegriff der *Rhetorik*, ohne eine Selbsttätigkeit auf der Seite des Zuschauers in Anspruch zu nehmen, objektiv aus dem vor Augen gestellten Werk- oder Anschauungscharakter der Tragödie ergibt.

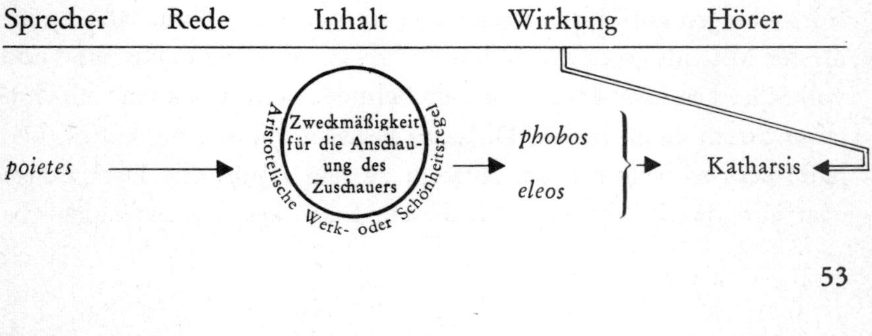

Das Ästhetische hat eine bewahrende Funktion im Handeln. Es dient nach der medizinischen Analogie einer »erleichternden Befreiung von jenen beiden Affekten«[24] der *Wiederherstellung*, nicht der *Herstellung*[25] einer »Normallage«[26]. Es ist — wie das Ästhetische in der antiken Handlungsauffassung überhaupt[27] — durch seine Erhaltungsfunktion von der neuzeitlichen Ästhetikauffassung unterschieden.

2

Lessings Theorie einer *Erweiterung der menschlichen Mitleidsfähigkeit* setzt — wie die Mitleidstheorie Rousseaus — eine entschiedene Selbsttätigkeit auf der Seite des Zuschauers voraus. Der Zuschauer muß, um sich in den anderen versetzen zu können, in seinem Urteil überführt sein. Dies ist der Grund, aus dem Lessing — im Rahmen der Wirkungstheorie — auf eine bruchlose psychologische Motivation dringt. »Unzufrieden, ihre Möglichkeit bloß auf die historische Glaubwürdigkeit zu gründen, wird er [der Dichter, H. T.] suchen, die Charaktere seiner Personen so anzulegen; wird er suchen, die Vorfälle, welche diese Charaktere in Handlung setzen, so notwendig einen aus dem andern entspringen zu lassen; wird er suchen, die Leidenschaften nach eines jeden Charakters so genau abzumessen; wird er suchen, die Leidenschaften durch so allmähliche Stufen durchzuführen: daß wir überall nichts als den natürlichsten, ordentlichsten Verlauf wahrnehmen; daß wir bei jedem Schritte, den er seine Personen tun läßt, bekennen müssen, wir würden ihn in dem nämlichen Grade der Leidenschaft, bei der nämlichen Lage der Sachen, selbst getan haben; daß uns nichts dabei befremdet, als die unmerkliche Annäherung eines Zieles, von dem unsere Vorstellungen zurückbeben, und an dem wir uns endlich, voll des innigsten Mitleids gegen die, welche ein so fataler Strom dahin reißt, und voll Schrecken über das Bewußtsein befinden, auch uns könne ein ähnlicher Strom dahin reißen, Dinge zu begehen, die wir bei kaltem Geblüte noch so weit von uns entfernt zu sein glauben[28].« Der Dichter überführt den Zuschauer durch die zur Schau gestellte psychologische

Glaubwürdigkeit der Identifikation. Das Ziel der Wirkung ist jedoch nicht die Identifikation. Indem sich der Zuschauer aus ihr wieder zu lösen trachtet, wird er sich des Vermögens zu ihr als einer Kraft oder Realität bewußt. »Darin sind wir doch wohl einig, liebster Freund, daß alle Leidenschaften entweder heftige Begierden oder heftige Verabscheuungen sind? Auch darin: daß wir uns bei jeder heftigen Begierde oder Verabscheuung eines größern Grads unsrer Realität bewußt sind, und daß dieses Bewußtsein nicht anders als angenehm sein kann? Folglich sind alle Leidenschaften, auch die allerunangenehmsten, als Leidenschaften angenehm. Ihnen darf ich es aber nicht erst sagen: daß die Lust, die mit der stärkern Bestimmung unsrer Kraft verbunden ist, von der Unlust, die wir über die Gegenstände haben, worauf die Bestimmung unsrer Kraft geht, so unendlich kann überwogen werden, daß wir uns ihrer gar nicht mehr bewußt sind[29].« Lessing hat einen bestimmten Begriff von der ästhetischen *Lust im Mitleid:* sie entsteht aus der Erfahrung der Selbsttätigkeit im Vorstellungsakt der Identifikation. Damit ist die Voraussetzung genannt, unter der das praktische Mitleid aus der Bedingung seiner ästhetischen Vermittlung sozialgeschichtlich zu verstehen ist.

Lessing versteht das tragische Mitleid als wirkliches Mitleid. Es ist die zur Affektstärke angewachsene natürliche Menschenliebe oder Philanthropie, von der Rousseau behauptet, daß sie im Zug der Vergesellschaftung, der Vermittlung des natürlichen Empfindens durch Einbildungskraft und Reflexion, um ihre Intensität gebracht worden sei. Für Lessing wie für Rousseau ist das Mitleid der Ursprung aller sozialen Tugenden. Rousseau wendet sich in diesem Sinn gegen Mandeville: »Mandeville hat sehr wohl gefühlt, daß die Menschen mit aller ihrer Moral nie mehr als Ungeheuer gewesen wären, wenn die Natur ihnen nicht das Mitleid zur Stütze der Vernunft gegeben hätte, aber er hat nicht gesehen, daß von dieser Eigenschaft alle sozialen Tugenden abstammen, die er dem Menschen absprechen will. In der Tat, was sind die Freigebigkeit, die Klugheit, die Menschlichkeit, wenn nicht das auf die Schwachen, die Schuldigen oder das ganze Menschengeschlecht übertragene Mitleid? Sogar das Wohlwollen und die Freundschaft sind, recht genommen, Früchte eines einem Einzelnen gewidmeten, bleibenden Mitleids. Denn was heißt wünschen, daß einer nicht leide, anders, als wünschen, daß er glücklich sei[30]?« Bei Lessing heißt es: »*Der mitleidigste Mensch ist der beste Mensch,* zu allen gesellschaftlichen Tugenden, zu allen Arten der Großmut der aufgelegteste[31].« Im Unterschied zu Lessing spricht sich Rousseau entschieden gegen das tragische Mitleid aus. »So ist die reine, jeder Reflexion vorausliegende Regung der Natur. So ist die Stärke des natürlichen Mitgefühls, das selbst die entartetsten Sitten Mühe haben zu zerstören. Denn man sieht tagtäglich in unseren Schauspielen wie die Leiden eines Unglücklichen jemanden rühren und weinen lassen, der, wenn er an der Stelle des Tyrannen stände, die Qualen seines Feindes noch verstärken würde[32].« Der Gegensatz beruht auf einer unterschiedlichen Auffassung des Mitleids. Rousseau versteht unter der Realität des Mitleids nicht eine Moralität des Empfindens, die durch Urteils- und Vorstellungsakte hervorzubringen wäre, sondern für ihn ist das praktische Mitleid eine Intensität des Empfindens, die, *gleichsam eine Moral*[33], durch Akte des Vorstellens und der Reflexion herabgemindert wird. »Wenn es wahr wäre, daß Mitleid nur ein Gefühl ist, das uns an die Stelle des Leidenden versetzt, ein Gefühl, das im Wilden dunkel und lebhaft, im zivilisierten Menschen bewußt, aber schwach ist, was würde dann der Wahrheit meiner Behauptung mehr Nachdruck verleihen als diese Idee? In der Tat, das Mitleid wird um so stärker sein, je inniger sich das zuschauende Tier mit dem leidenden Tier identifiziert. Nun liegt auf der Hand, daß diese Einfühlung im Naturzustand unendlich tiefer als im Zustand der Denkkraft gewesen sein muß. Es ist der Verstand, der die Selbstsucht erzeugt. Es ist die Reflexion, die sie stark macht[34].« Nun ist aber das Sich-in-den-anderen-Versetzen, an dem Rousseau allein das Empfindungsmäßige betont, ohne die Vermittlung eines Vorstellungsverhältnisses und dessen Beurteilung durch die Reflexion nicht zu denken. Rousseau sieht in der Einbildungskraft — wie in der Reflexion — ausschließlich ein Instrument der subjektiven Willkür, das, im isolierten Naturzustand des Wilden ohne Einfluß[35], übermächtig wird im gesellschaftlichen Verkehr der Menschen untereinander.

»Wohlverstanden: ich sage, daß in unserem primitiven Zustand, im wahren Naturzustand, die Selbstsucht nicht vorkommt. Da jeder Mensch als einzelner sich allein zum Zuschauer hat, der ihn beobachtet, als das einzige Wesen im Universum, das sich für ihn interessiert, als der einzige Richter über seine eigenen Verdienste, kann unmöglich ein Gefühl in seiner Seele keimen, das seine Quelle in Vergleichen hat, die über seinen Horizont hinausgehen[36].« An diesem Punkt liegt eine Inkonsequenz in dem Denken Rousseaus. Denn die gleiche Kraft, die den einzelnen über die Selbstwahrnehmung in die Lage versetzt, einzelner zu sein, setzt ihn über die Fremdwahrnehmung in die Lage, mit anderen zu sein. In der Meinung, es handle sich um naturgegebene Verhältnisse, mag er sich dabei vorgefundener Vorstellungsverhältnisse bedienen. In der Meinung, er selbst müsse Urheber seiner Beziehung zum anderen sein, bestimmt er diese nach Maßgabe ihrer Hervorbringbarkeit durch ihn. Wenn die Einbildungskraft das Sich-in-den-anderen-Versetzen ermöglicht, dann kann sich durch sie der einzelne selbst in ein soziales Verhältnis zum anderen setzen. Der Mensch findet sich nicht mehr, wenn er sich in den anderen versetzt, in vorgegebenen Rollen- oder Geltungszusammenhängen vor, sondern er bildet diese selbst aus nach Maßgabe seines Vorstellens und Urteilens. Das Mitleid wird zu einem Instrument der sozialen Selbstvermittlung des Subjekts. In diesem Sinne vertritt Lessing — gegen Rousseau — eine Erweiterung der Mitleidsfähigkeit durch die Tragödie. Indem Lessing der *Lust im Mitleid* eine moralische Deutung gibt, überwindet er den Kulturpessimismus Rousseaus[37]. »Wenn es also wahr ist, daß die ganze Kunst des tragischen Dichters auf die sichere Erregung und Dauer des einzigen Mitleidens geht, so sage ich nunmehr, die Bestimmung der Tragödie ist diese: sie soll *unsre Fähigkeit, Mitleid zu fühlen,* erweitern[38].« Die moralische Auffassung des Mitleids setzt jedoch voraus, daß der Selbstbezug *im* Mitleid geklärt und aufgewiesen wird.

Das Mitleid, durch das sich der Zuschauer von sich aus in ein soziales Verhältnis setzt, muß von ihm als seine eigene Tätigkeit erfahren werden können. Das Mitleid muß moralisch qualifizierbar sein. Lessing versucht diese Aufgabe zu lösen, indem er die Unverdientheit des

Leids, die nach der antiken Auffassung das Mitleiden moralisch zuläßt, unter dem Gesichtspunkt der Ähnlichkeitsforderung umdeutet. Der Selbstbezug der Furcht wird zur Form der Selbsterfahrung des Mitleids. Lessing mißversteht die Aristotelische Furcht für den anderen als Furcht für uns selbst: »[...] seine Furcht ist durchaus nicht die Furcht, welche uns das bevorstehende Übel eines andern, für diesen andern, erweckt, sondern es ist die Furcht, welche aus unserer Ähnlichkeit mit der leidenden Person für uns selbst entspringt [...]. Mit einem Worte: diese Furcht ist das auf uns selbst bezogene Mitleid[39].« Damit ist nun nicht nur im Mitleid das Eine und Ganze der tragischen Wirkung ästhetisch bestimmt, sondern zugleich auch moralisch der Durchbruch zur Mitleidsethik vollzogen. Indem Lessing die *Ähnlichkeit mit uns* zum Grundsatz der Mitleiderregung erhebt[40], unterwirft er die Geltungs- und Vorstellungsverhältnisse dem kritischen Urteil des Zuschauers. Zugleich aber verlangt er vom kritischen Urteil des Zuschauers, daß es sich in seiner sozialen Interdependenz, vermittelt durch Geltungs- und Vorstellungsverhältnisse, begreift. Moralphilosophisch richtet sich die Umdeutung der Aristotelischen *Katharsis* gegen die erhabene Größe der Grundsatzethik, nach der der Held alles und jeden um sich verpflichtet, indem er sich nur noch sich selbst verpflichtet zeigt. Solche Größe verlangt Bewunderung. Gegen sie wendet Lessing den Gesichtspunkt einer phantastischen Überforderung der Einsicht ein, deren »Nacheiferung« eben deshalb fragwürdig erscheint. »Aus der Bewunderung entspringt der Vorsatz der Nacheiferung; aber, wie Sie selbst sagen, dieser Vorsatz ist nur *augenblicklich.* Wenn er zur Wirklichkeit kommen soll, muß ihn entweder die darauf folgende deutliche Erkenntnis dazu bringen, oder der Affekt der Bewunderung muß so stark fortdauern, daß der Vorsatz zur Tätigkeit kommt, ehe die Vernunft das Steuer wieder ergreifen kann. Das ist doch Ihre Meinung? — Nun sage ich: in dem ersten Falle ist die Wirkung nicht der Bewunderung, sondern der deutlichen Erkenntnis zuzuschreiben; und zu dem andern Falle werden nichts Geringeres als *Phantasten* erfordert[41].« Lessing schränkt den Inhalt der darzustellenden Begebenheit zwangsläufig ein, wenn er die Handlung der Beurteilbarkeit durch den Zuschauer unterwirft. Die Handlung *seiner* Tragödie besitzt den Charakter einer Urteilshandlung. Nicht aus Gründen der Zweckmäßigkeit für die Anschauung des Zuschauers ist sie einheitlich und ganz, sondern aus Gründen der Beurteilbarkeit für den Zuschauer.

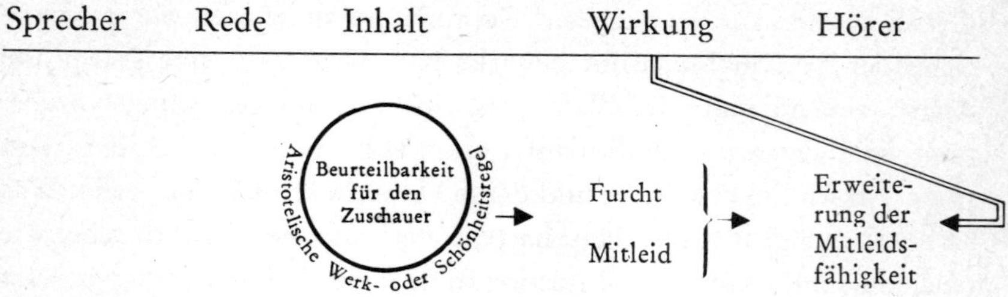

Ausgeschlossen sind — als Gegenstand der Bewunderung — die Situationen der Erhabenheit, in denen der Held, auf sich gestellt, aus den Grenzen der Menschheit herauszutreten genötigt ist. Kann aber das Mitleid, das die Tragödie erregt, ohne Erhabenheit die erstrebte Wirkung in der Handlungswirklichkeit haben?

3

Die Frage nach dem Verhältnis von Mitleid und Erhabenheit soll im folgenden an einem Textbeispiel erörtert werden. Lessings *Miß Sara Sampson*[42] schließt mit einer Erkennung, die die Vermittlungsfunktion des Mitleids inhaltlich thematisiert. Mellefont wird durch den »plötzliche[n] Übergang von Bewundrung zum Schrecken« zum Mitleid bekehrt, woraufhin die Vergebung durch Sir William an ihr Ziel kommt. »MELLEFONT: Welcher plötzliche Übergang von Bewundrung zum Schrecken! — Eile doch, Betty! Schaffe doch Hülfe! — Was fehlt Ihnen, großmütige Miß! Himmlische Seele! Warum verbirgt mir diese neidische Hand *(indem er sie wegnimmt.)* so holde Blicke? — Ach, es sind Mienen, die den grausamsten Schmerz, aber ungern, verraten! — Und doch ist die Hand neidisch, die mir diese Mienen verbergen will. Soll ich Ihre Schmerzen nicht mitfühlen, Miß? Ich Unglücklicher, daß ich sie nur mitfühlen kann! — Daß ich sie nicht allein fühlen soll? — So eile doch, Betty — —[43].« Sir William bemerkt in der anschließenden Aussprache mit Sara, daß er ihr jetzt freiwillig oder »gern«, nicht mehr »nur gedrungen« vergeben könne. Der Grund für dieses plötzliche Können liegt in dem Gesinnungswandel, den Saras bevorstehender Tod in Mellefont bewirkt hat. »Ich sahe seine stürmische Angst, seine hoffnungslose Betrübnis, ohne von ihm gesehen zu werden. Nun weiß ich es, daß er dich aufrichtig liebet, nun gönne ich dich ihm. Hier will ich ihn erwarten, und deine Hand in seine Hand legen. Was ich sonst nur gedrungen getan hatte, tue ich nun gern, da ich sehe, wie teuer du ihm bist[44].« Die Interpretation dieses Zusammenhangs setzt voraus, daß wir uns die Interdependenz vergegenwärtigen, aus der Lessing die Vergebung motiviert. Sowohl Sara als auch Mellefont müssen ihre *Denkungsart* ändern, damit die Vergebung möglich wird. Sir William irrt, wenn er am Beginn seiner Aussprache mit Sara, um sie von der Schuld eines gegen ihn gerichteten Handelns freizusprechen, selbst alle Schuld auf sich nimmt. Die Schuld, gezaudert zu haben, erscheint ihm jetzt, nach dem Gesinnungswandel Mellefonts, als Schuld der gekränkten Eigenliebe: »Ein heimlicher Unwille mußte in einer der verborgensten Falten des betrognen Herzens zurückgeblieben sein, daß ich vorher deiner fortdauernden Liebe gewiß sein wollte, ehe ich dir die meinige wiederschenkte. Soll ein Vater so eigennützig handeln? Sollen wir nur die lieben, die uns lieben? Tadle mich, liebste Sara, tadle mich; ich sahe mehr auf meine Freude an dir, als auf dich selbst[45].« Sara *hat* ihren Vater nach wie vor geliebt. Gerade deshalb bedurfte sie aber seines Zauderns[46], weil ohne den Ausdruck der väterlichen Eigenliebe die Vergebung für sie — aus Liebe zu ihm — unannehmbar war. Dies ist der Sinn ihrer Befürchtung, als Waitwell den Brief des Vaters überbringt. Sie fürchtet, eine Selbstaufgabe des Vaters mit der Vergebung annehmen zu müssen, die sie aus Liebe zu ihm nicht entgegennehmen kann. »Und das ist es eben, was ich fürchte. Einen Vater, wie ihn, zu betrüben: dazu habe ich noch den Mut gehabt. Allein ihn durch eben diese Betrübnis, ihn durch seine Liebe, der ich entsagt, dahin gebracht zu sehen, daß er sich alles gefallen läßt, wozu mich eine unglückliche Leidenschaft verleitet: das Waitwell, das würde ich nicht ausstehen[47].« Nun irrt auch Sara, wenn sie aus dem Dilemma, in das sie durch ihre Liebe zu Mellefont geraten ist, den traditionellen Ausweg der Großmut sucht. Die Zustimmung zu einer Selbstverleugnung des anderen ist ihr moralisch unmöglich. Moralisch vertretbar erscheint ihr jedoch eine Zustimmung, bei der die Verleugnung auf Gegenseitigkeit beruht: »Ja, wenn es in meinem Vermögen stünde, ihm bei der äußersten Gewalt, die er sich meinetwegen antut, das bitterste zu ersparen; wenn in dem Augenblicke, da er mir alles erlauben wollte, ich ihm alles aufopfern könnte: so wäre es ganz etwas anders[48].« Lessing apostrophiert in den Worten Saras den klassischen Fall einer Konfliktlösung — die gleiche Verleugnung des Interesses in der Großmutszene —, um zu zeigen, daß er über das Menschenmögliche hinausgeht. Sara *kann nicht,* was sie müßte. Sie kann ihre Liebe zu Mellefont nicht verleugnen. Wie soll aber Sir William, der wie sie ein Mensch ist – und das heißt: in seinem Handeln durch andere Menschen bedingt — dies können? Sir William ist in seiner Absicht, Sara zu vergeben, nicht nur durch Sara bedingt — Sara muß seine Vergebung annehmen wollen —, sondern auch durch Mellefont. Saras Weigerung, den Brief anzunehmen, wird von Waitwell mit einem religiösen Argument überwunden. Waitwell fordert sie auf, »an die große unüberschwengliche Seligkeit Gottes zu denken, dessen ganze Erhaltungen der elenden Menschen ein immerwährendes Vergeben ist«[49]. Indem Sara über diese beruhigende Vorstellung Zeit findet, »selbst nachzudenken«[50], löst sich in ihr die übertriebene Schuldvorstellung auf. Dies hindert Lessing jedoch nicht, die Vergebungsbereitschaft eines irdischen Vaters — im Unterschied zur »unüberschwengliche[n] Seligkeit Gottes« — durch eine soziale Interdependenz bedingt zu sehen; sie zu verändern und dadurch eine menschliche Vergebungshandlung menschlich möglich zu machen, ist das Ziel dieses Dramas[51].

Sir William kann Sara nur vergeben, wenn er ihr in ihrem Verhältnis zu Mellefont, d. h. aber auch Mellefont, vergeben kann. Er kann Mellefont erst vergeben, wenn er an ihm den Ausdruck einer wahrhaften

Liebe wahrnimmt. Dies ist nur eine weitere Konsequenz aus dem Umstand, daß ihm — im Unterschied zu einem göttlichen Vater — eine Liebe abgewendet werden kann. Die erste und naheliegendste Konsequenz war, daß er sich der Liebe seiner Tochter zu versichern suchte. Für Gott, »dessen ganze Erhaltungen der elenden Menschen ein immerwährendes Vergeben ist«, folgt aus dem Faktum der Schöpfung *durch* ihn, daß alles, was ist, nur ist, weil und insofern es durch seine Liebe ist. Unter dieser Voraussetzung kann für die »große unüberschwengliche Seligkeit Gottes« gedacht werden, daß alles beständig in seiner Liebe bleibt. Es bleibt in ihr auch dann, wenn es sich von ihr abwendet oder von ihr abgewendet wird. Im Unterschied dazu kann dem irdischen Vater die Liebe abgewendet werden. Was durch ihn ist, ist nur in einem eingeschränkten Sinn durch ihn, wie auch seine Liebe nur in einem eingeschränkten Sinn, durch Teilhabe an jener allerhaltenden Liebe, erhaltende Liebe ist. Sir William *ist* die Liebe seiner Tochter abgewendet worden: nicht in dem Sinn, daß Sara ihn nicht mehr liebte, indem sie Mellefont liebt, wohl aber durch die Art, wie Mellefont diese Liebe auf sich gezogen hat.

Mellefont liebt Sara; doch er liebt sie mit der Unverbindlichkeit des Egoisten, der sich über den »gewissen Punkt«, der ihn unwiderruflich verpflichten würde, nicht hinwegbringen läßt[52]. Gerade nachdem Sir William ihm und Sara die volle Vergebung zugesichert hat, gesteht Mellefont: »Und doch fürchte ich mich vor dem Augenblicke, der sie auf ewig, vor dem Angesichte der Welt, zu der Meinigen machen wird. [...] Sara Sampson, meine Geliebte! Wie viel Seligkeiten liegen in diesen Worten! Sara Sampson, meine Ehegattin! — Die Hälfte dieser Seligkeiten ist verschwunden! und die andre Hälfte — wird verschwinden. — Ich Ungeheuer[53]!« Es fällt nicht schwer, in diesem Selbstgeständnis der verirrten Empfindung das Urteil Lessings über den Gesellschaftsmenschen zu vernehmen. Mellefont ist ein Mann der Gesellschaft, dessen Liebe mehr in der Vorstellung als in der Empfindung gründet, der zwar nicht seine Ehre[54], wohl aber sein natürliches Empfinden[55] der Marwood verpfändet hat. Hier liegt *seine* Anfälligkeit für die Intrige der Marwood. Indem er mit Sara »gegen die ganze

Welt [...] prahlen« möchte, ist er empfänglich für die Bitte der Marwood, sie die Nebenbuhlerin sehen zu lassen. »Ach, Miß, lassen Sie mich meinen Ehrgeiz gestehen. Ich möchte gern gegen die ganze Welt mit Ihnen prahlen. Und wenn ich auf den Besitz einer solchen Person nicht eitel wäre, so würde ich mir selbst vorwerfen, daß ich den Wert derselben nicht zu schätzen wüßte. Ich gehe, und bringe die Lady sogleich zu Ihnen[56].« Dies ist zugleich aber auch der Punkt, an dem Sara ihn durch eine großmütige Vergebung seines Mißtrauens zum Bekenntnis seines natürlichen Empfindens befreit.

Die Marwood hatte als letztes Mittel, um Sara zu einer Großmutshandlung zu bewegen, die Existenz einer Tochter ins Feld geführt. Sara beweist Mellefont die Untrüglichkeit seines natürlichen Empfindens, indem sie ihm das Eingeständnis seiner Kindesliebe möglich macht. »SARA: Sie lieben sie also doch? — MELLEFONT: Zu sehr, Miß, zu sehr, als daß ich es leugnen sollte[57].« Dieses Eingeständnis verletzt nicht etwa Saras Empfinden, wohl aber gewisse gesellschaftliche Rücksichten, die Mellefont ihr gegenüber geübt hatte. Gegen sie wendet sich Sara nachdrücklich: »Wohl! Mellefont. — Wie sehr liebe ich Sie, auch um dieser Liebe willen! Sie würden mich empfindlich beleidiget haben, wenn Sie die Sympathie Ihres Bluts, aus mir nachteiligen Bedenklichkeiten, verleugnet hätten[58].« An ihre Stelle tritt die Neubegründung ihres Verhältnisses aus einer Kraft des natürlichen Empfindens, die Mellefont, ohne sich dessen bewußt zu sein, selbst gegen sich aufruft. Auf Saras Andeutung, die Marwood habe ihr gegenüber »eines Pfandes« gedacht, das »eine andre Zärtlichkeit« in ihm »rege machen« müsse als die, die er gegen sie empfinde, antwortet er mit der Bitte, Sara möge »Mitleiden« mit seiner »Verwirrung« haben: »Ist es möglich? Hat die Unverschämte ihre eigne Schande bekannt? — Ach, Miß, haben Sie Mitleiden mit meiner Verwirrung. — Da Sie schon alles wissen, warum wollen Sie es auch noch aus meinem Munde hören[59]?«

In dem weiteren Verlauf der Szene wird, wie wir sahen, in ihm selbst das lebhafteste Mitleid erregt. Der Tod der Geliebten, durch dessen *Schrecken* das Mitleid für Mellefont unwiderruflich wirklich wird, ist durch die Eitelkeit verschuldet. Mellefont selbst gab der Marwood die Gelegenheit, sich an ihm durch die Ermordung Saras zu rächen. Saras Tod ermöglicht die Vergebung des irdischen Vaters. Er ist unabwendbar in einer Gesellschaft, in der der einzelne nicht der Stimme der ihn verpflichtenden Menschenliebe folgt.

4

Lessings Tragödienauffassung ist *ethisch* gerade auch in dem Sinn, daß sie Situationen der Erhabenheit zwar kennt, jedoch nur, um durch sie die mitmenschliche Situation des erwachten Mitleidens hervorzubringen.

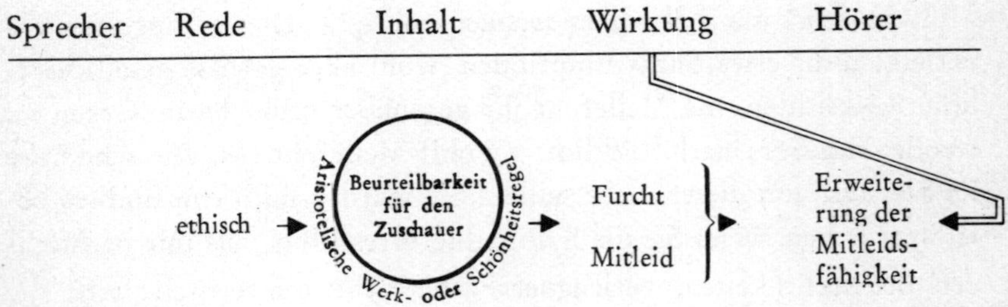

Die Art, wie die mitmenschliche Situation im Drama hervorgebracht wird, unterscheidet sich in der Form von der Wirkung, die Lessing für das Verhältnis zum Zuschauer ansetzt. Mellefonts Bekehrung vollzieht sich in den Kategorien der Wirkungsästhetik. Der Unterschied, daß Mellefont ohne vorgängige Überführung im Urteil durch *Bewunderung* und *Schrecken* zum Mitleid *erweckt* wird, der Zuschauer hingegen durch eine vorgängige Überführung im Urteil das *Mitleid* als sein eigenes Handeln erkennt, erklärt sich aus der unterschiedlichen Situation. Mellefont wird *als Handelnder* aus der Vorstellungswirklichkeit sozialer Vorurteile und Geltungen auf das natürliche Empfinden des Mitleids zurückgebracht. Sein Mitleid ist, in dem Augenblick, in dem es in ihm entsteht, schon praktisches Mitleid. Daß es bei ihm sogleich die volle Empfindungsstärke besitzt, erklärt sich aus der Desillusionierungskraft des *Schreckens*, den Lessing als die Form des *überraschten Mitleids* der *Bewunderung* als dem *entbehrlich gewordenen Mitleiden* gegenüberstellt: »Die Staffeln sind also diese: Schrecken, Mitleid, Bewunderung. Die Leiter aber heißt: Mitleid; und Schrecken und Bewunderung sind nichts als die ersten Sprossen, der Anfang und das Ende des Mitleids[60].« Inbezug auf den Zuschauer unterscheidet Lessing — am Beispiel der *Miß Sara Sampson* — drei »Grade des Mitleids« nach der Deutlichkeit, mit der die Vollkommenheit oder das Unglück zum Bewußtsein gebracht ist, bzw. nach dem Überwiegen des einen oder anderen in dem letzten Grad, das die Tränen entweder in der Bewunderung oder aber in dem Schmerz der erfolgten Identifikation erstickt[61]. Es bedarf nach dem Ausgeführten keines weiteren Beweises, daß Lessing im Drama die für den Zuschauer in Anspruch genommene Reihenfolge umkehrt. Der *Schrecken* beschleunigt hier nicht ein Mitleid, das sich in der Bewunderung erholt[62], sondern er desillusioniert als *überraschtes Mitleid* das *entbehrlich gewordene Mitleiden* der Bewunderung.

Anders verhält es sich auf der Seite des Zuschauers, der nicht wie Mellefont als Handelnder in einer ihm fremden Reflexions- und Vorstellungswirklichkeit, sondern als Urteilender und Vorstellender in einer ihm fremden Handlungswirklichkeit gefangen ist. Er empfindet *Furcht* über das *überraschte Mitleid*, das ihm in diesem Augenblick als seine eigene Tätigkeit bewußt wird. Gleich ist in beiden Ausformungen, daß das zur Tätigkeit erweckte und das sich als einer Tätigkeit bewußt werdende Mitleid zu seiner Erregung ein soziales Vorstellungsverhältnis voraussetzt. Indem das Ästhetische als Moment eines vermittelnden Vorstellungsaktes erscheint, kann die Wirkung der Tragödie über die *Wiederherstellungsfunktion* der aristotelischen Katharsis hinaus als die *Herstellung* einer *Normallage* begriffen werden. Geschichts- und gesellschaftstheoretisch ist die Mitleidsethik als sozial vermittelndes Prinzip die Voraussetzung, unter der das Subjekt nicht nur die überlieferte *traditionale*, sondern auch die neu entstehende *rationale* Interdependenz der bürgerlichen Gesellschaft[63] selbsttätig zu bestimmen sucht.

Dies gilt für Lessing mit der Einschränkung, daß die Selbstbestimmung bei ihm nur moralisch, nicht auch politisch wie bei Rousseau, handlungstheoretisch gesprochen: nur in der Weise des Urteilshandelns, nicht auch in der Weise des Tathandelns, gedacht wird.

5

Eine Ausarbeitung des Tathandelns oder des politischen Charakters der Veränderung findet sich — im Rahmen der Wirkungsästhetik — erst bei Schiller. Sie setzt voraus, daß Schiller die Funktion des Ästhetischen für das Handeln grundsätzlicher als Lessing faßt: als Ermöglichungsfunktion. Ausgangspunkt seiner Überlegungen in den *Ästhetischen Briefen*[64] ist eine Auseinandersetzung mit der Französischen Revolution, die unter drei Gesichtspunkten erfolgt: der Ersetzung willkürlich entstandener Staats- und Gesellschaftsverfassungen durch »einen *Naturstand* in der Idee«[65], der daraus sich ergebenden Aporien in der praktischen Realisation[66] und unter dem Gesichtspunkt einer geschichtsphilosophischen Lösung dieser Schwierigkeiten nach Art der dialektisch durchgeführten Theodizee. Letztere wird jedoch bei Schiller bereits im Augenblick ihrer Nennung zugunsten einer »vollständigen anthropologischen Schätzung«[67] relativiert: »Kann aber wohl der Mensch dazu bestimmt sein, über irgendeinem Zwecke sich selbst zu versäumen? Sollte uns die Natur durch ihre Zwecke eine Vollkommenheit rauben können, welche uns die Vernunft durch die ihrigen vorschreibt? Es muß also falsch sein, daß die Ausbildung der einzelnen Kräfte das Opfer ihrer Totalität notwendig macht; oder wenn auch das Gesetz der Natur noch so sehr dahin strebte, so muß es bei uns stehen, diese Totalität unsrer Natur, welche die Kunst zerstört hat, durch eine höhere Kunst wiederherzustellen[68].« *Seine* Lösung, die er in den Briefen *Über die ästhetische Erziehung des Menschen* anstrebt, ist die Entwicklung eines *ästhetischen Zustands* als Bedingung der Möglichkeit für ein politisches Handeln. Diesen Zustand, der durch die Kunst im Einzelnen wie in der Gesellschaft hervorzubringen wäre, begründet Schiller durch eine transzendental-anthropologische Analyse des Handlungsaktes, der zwischen Spontaneität und Rezeptivität einen Zustand der wechselseitigen Bestimmung beider zu denken nötige. Dies wäre ein Zustand der »*höchsten* Realität«[69], des vollkommen aktualisierten Vermögens. Er wäre ein ästhetischer Zustand, weil er ein Zustand *nur* des Vermögens, kein Zustand der sich durchführenden Realisation ist.

Der Gesichtspunkt der Selbsterfahrung im Sinn eines gesteigerten Bewußtseins *unsrer Realität* spielte auch schon für Lessing bei seiner Umdeutung der Aristotelischen Katharsisformel die entscheidende Rolle. Aber erst bei Schiller wird diese Selbsterfahrung der Vorstellungskraft über die Mitleidstheorie Lessings und der Aufklärung hinaus zu einer Bedingung sowohl des moralischen als auch des politischen Handelns, weil sie die Gesellschaft, die physisch ermöglicht und moralisch notwendig gemacht wird, menschlich wirklich machen kann. »Der dynamische Staat kann die Gesellschaft bloß möglich machen, indem er die Natur durch Natur bezähmt; der ethische Staat kann sie bloß (moralisch) notwendig machen, indem er den einzelnen Willen dem allgemeinen unterwirft; der ästhetische Staat allein kann sie wirklich machen, weil er den Willen des Ganzen durch die Natur des Individuums vollzieht[70].« Inhaltlich äußert sich die Thematisierung des Politischen in den Dramen, vor allem darin, daß Schiller — im Unterschied sowohl zu Lessing als auch zu den meisten *Sturm und Drang*-Dramatikern und zu Goethe — die Geschichte als eine Geschichte von Tathandlungen, nicht von Urteilshandlungen, begreift[71]. Dem entspricht auf der Seite der Form, daß Schiller, hierin in Übereinstimmung mit der älteren Dramatik, zwei Stillagen der dramatischen Rede kennt: die pathetische und die ethische Rede[72]. Pathos und Ethos sind jedoch nicht mehr primär sozialtypisch, nach Art der Ständeklausel, gegeneinander abgesetzt. Schiller rekurriert vielmehr — in der Theorie wie in der Praxis seiner Dramen — auf das *aptum* oder die Angemessenheit an bestimmte Situationen des Handelns. Situationen, die innerhalb der Grenzen der Menschheit liegen, verlangen eine ethische, Situationen, die den Menschen über das ihm Mögliche hinauszugehen nötigen, eine pathetische Präsentation. Die ethische Präsentation läßt Anmut, die pathetische das Widerstandsvermögen der Würde erkennen[73].

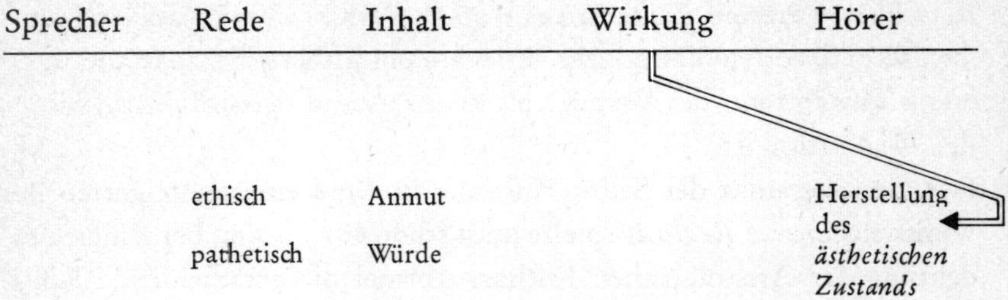

Der Hauptunterschied zur älteren Dramaturgie liegt bei Schiller jedoch darin, daß Schiller die beiden Stillagen oder Haltungen nicht nur situationstypisch einander gegenüberstellt, sondern vom Standpunkt einer *wahren menschlichen* Präsentation aus in ein wechselseitiges Bedingungsverhältnis zu setzen sucht. Die Würde, die sich in der pathetischen, entsetzenden Rede zeigt, bedarf zu ihrer Beglaubigung der Anmut: »Würde allein beweist zwar überall, wo wir sie antreffen, eine gewisse Einschränkung der Begierden und Neigungen. Ob es aber nicht vielmehr Stumpfheit des Empfindungsvermögens (Härte) sei, was wir für Beherrschung halten, und ob es wirklich moralische Selbsttätigkeit und nicht vielmehr Übergewicht eines andern Affektes, also absichtliche Anspannung sei, was den Ausbruch des gegenwärtigen im Zaume hält, das kann nur die damit verbundene Anmut außer Zweifel setzen. Die Anmut nämlich zeugt von einem ruhigen, in sich harmonischen Gemüt und von einem empfindenden Herzen[74].« Umgekehrt bedarf aber auch die Anmut einer Beglaubigung durch die Würde: »Ebenso beweist auch die Anmut schon für sich allein eine Empfänglichkeit des Gefühlsvermögens und eine Übereinstimmung der Empfindungen. Daß es aber nicht Schlaffheit des Geistes sei, was dem Sinn so viel Freiheit läßt und das Herz jedem Eindruck öffnet, und daß es das Sittliche sei, was die Empfindungen in diese Übereinstimmung brachte, das kann uns wiederum nur die damit verbundne Würde verbürgen. In der Würde nämlich legitimiert sich das Subjekt als eine selbständige Kraft;

und indem der Wille die *Lizenz* der unwillkürlichen Bewegungen *bändigt,* gibt er zu erkennen, daß er die *Freiheit* der willkürlichen bloß *zuläßt*[75].« Damit sind die beiden *genera dicendi,* die in der älteren Tradition über die Ständeklausel sozialtypisch aufeinander bezogen wurden, anthropologisch über die in ihnen je eingenommene Haltung in ein allgemein-menschliches Verhältnis gesetzt.

Ihr Bedingungsverhältnis ist jedoch noch keine Vereinigung; diese denkt Schiller vielmehr der Geschichte als Aufgabe zu. Die Voraussetzung dazu, das Auseinanderliegende in eins zusammenzudenken, sieht Schiller in der Idee eines die Handlungswirklichkeit ermöglichenden *ästhetischen Zustands* gegeben. Sie ist jedoch nur so lange gegeben, wie dem Ästhetischen die Qualität eines Ermöglichungsgrundes zugesprochen wird. Weder darf dem Schönen ein eigenes Sein oder eine eigene Wirklichkeit zugedacht werden noch darf aber auch die Vereinbarkeit beider Zustände, Haltungen oder Äußerungsweisen anders als vom Standpunkt des Hörers oder Zuschauers aus gedacht werden. Der *ästhetische Zustand* realisiert sich nicht im einzelnen Kunstwerk, sondern er gewinnt seine Realität im Zuschauer oder Hörer als Wirkung des Kunstwerks; deshalb bestimmt Schiller das *Ideal-Schöne*[76] als einen Annäherungswert der künstlerischen Darstellung.

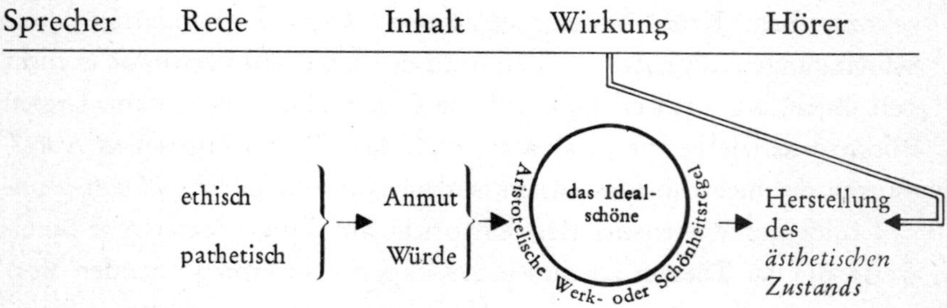

Die Funktion als Ermöglichungsgrund beantwortet die Frage nach der Geltung des Scheins in der moralischen Welt: »Auf die Frage ›Inwieweit darf Schein in der moralischen Welt sein?‹ ist also die Antwort so kurz als bündig diese: Insoweit es ästhetischer Schein ist, d. h. Schein, der weder Realität vertreten will, noch von derselben vertreten zu werden braucht[77].« Damit ist die Funktion des Ästhetischen in der politischen Handlungswirklichkeit bestimmt. Offen bleibt bei Schiller — wie in vergleichbaren Theorien heute[78] — die Frage, wie nun ein Übergang aus dem Zustand des uneingeschränkten Vermögens in die Realität des Handelns möglich sei. Diese Frage führt auf den letzten hier zu erörternden Ansatz, die Theorie des *epischen Theaters* von Brecht.

6

Bei Brecht kommt die Geschichte der Wirkungsästhetik zu einem gewissen Abschluß. Das Ästhetische verliert seine anthropologische Verankerung. Es konvergiert als Spielraum eines sozial hervorgebrachten Verhaltens theoriegeschichtlich mit einem neuen Begriff der Wissenschaftlichkeit[79]. Brecht begründet sein *episches Theater* aus der produktiven »Sittlichkeit«[80] eines wissenschaftlichen Zeitalters, das seine Produktivität wie in der Wissenschaft so auch in der Kunst auf den Zweifel gründet. »Damit all dies viele Gegebene ihm [dem Zuschauer, H. T.] als ebensoviel Zweifelhaftes erscheinen könnte, müßte er jenen fremden Blick entwickeln, mit dem der große Galilei einen ins Pendeln gekommenen Kronleuchter betrachtete. Den verwunderten diese Schwingungen, als hätte er sie so nicht erwartet und verstünde es nicht von ihnen, wodurch er dann auf die Gesetzmäßigkeiten kam. Diesen Blick, so schwierig wie produktiv, muß das Theater mit seinen Abbildungen des menschlichen Zusammenlebens provozieren[81].« Dem *fremden* Blick des Wissenschaftlers entspricht auf dem Theater eine Spielweise, die das Theater als diesen das Experiment ermöglichenden Vorstellungsraum ausweist. »Solche Abbilder erfordern freilich eine Spielweise, die den beobachtenden Geist frei und beweglich erhält. Er muß sozusagen laufend fiktive Montagen an unserem Bau vornehmen können, indem er die gesellschaftlichen Triebkräfte in Gedanken abschaltet oder durch andere ersetzt[82].« Die Verwissenschaftlichung des Theaters ist gleichbedeutend mit einer Entdeckung des »Theaters als Theater«[83]:

des Theaters als sozialer Institution und des Theaters als ästhetischer Institution. Als *Produktionsmittel* in der Hand der bürgerlichen Gesellschaft muß das Theater in die Hand des Produzenten, der »neue[n] Dramatik«, übergehen[84]. Als ästhetische Institution unterliegt es der Forderung einer Wiederherstellung seiner Realität *als* Theater. »Die Wiederherstellung der Realität des Theaters als Theater ist eine Voraussetzung dafür, daß es realistische Abbildungen des menschlichen Zusammenlebens geben kann[85].« Das Theater des wissenschaftlichen Zeitalters muß seine ästhetische Medialität, die Eigenschaft, Spielraum des Wirklichen zu sein, bewußt herauskehren.

Zu diesem Zweck werden alle Mittel der Darstellung durch Ausstellung für das Judizium des Zuschauers verfügbar gemacht. Es geschieht durch das Handeln eines Schauspielers, der sich zum Autor, zum Publikum und zu den Teilen des durch ihn zu repräsentierenden Stücks als reale Person in ein wirkliches Verhältnis setzt. Die *Absichten* des Autors unterliegen der Beurteilung durch den Schauspieler[86]. Das Verhältnis des Schauspielers zum Zuschauer ist durch »sein Wissen um das Betrachtetwerden« bestimmt, das der Schauspieler »zum Ausdruck bringt«[87]. Vor allem richtet sich aber die verfremdende *Ausstellung* der ästhetischen Medialität auf das darzustellende Stück. Der Schauspieler zeigt, was er darstellt[88]. Die Handlung wird für diesen Zweck zu einem realen oder historischen »Vorfall« verfremdet[89]. Die Figur, die unter dem Aspekt des *Nicht-Sondern* zu erscheinen hat, muß das Verhalten des Schauspielers zu ihr mitenthalten[90]. Der Text wird *zitiert*[91]. »Um den V-Effekt zu setzen, muß der Schauspieler die *restlose Verwandlung* in die Bühnenfigur aufgeben. Er *zeigt* die Figur, er *zitiert* den Text, er *wiederholt* einen wirklichen Vorgang[92].« Handlung, Charakter, Gedanke, Rede, Szenerie und Musik, die klassischen sechs *Teile* der Tragödie[93], die traditionellerweise inhaltlich, als Teile einer Darstellung durch Handlung untereinander verbunden waren, sind aus dem Standpunkt des Vorstellungsaktes aus dieser Verbindung herausgelöst und zu einer neuen *beweglicheren* Einheit zusammengefügt[94]. Die neue Einheit ist jedoch nicht zur Illudierung des Zuschauers gedacht, um *ihn* Teil eines solchen Vorstellungsspiels werden zu lassen, sondern sie ist — durch Versetzung der Elemente gegeneinander nur vom Zuschauer aus denkbar — das mit Kunst ausgeführte Spiel *seiner* Vorstellungsakte.

Ebenso wichtig wie das Verbinden zu einer neuen Einheit ist deshalb die *Trennung der Elemente des theatralischen Kunstwerks*[95]. Durch sie wird gewährleistet, daß gegenüber *jeder* Möglichkeit einer inhaltlichen Fixierung das Ästhetische eines solchen »Theaters als Theater« erkennbar bleibt. Brechts *episches Theater* unterscheidet sich prinzipiell nicht nur vom empirischen Wahrnehmungstheater des Naturalismus, das zurückbleibt, sobald das neuzeitliche Drama seine inhaltliche Begründung in Charakter, Gedanke, Handlung und Rede zugunsten einer objektiven Wiedergabe der Umstände preisgibt[96], sondern es unterscheidet sich auch ebenso prinzipiell vom ekstatischen Theater Nietzsches oder des Expressionismus, das den Ausfall der Handlung durch einen Rückgang auf den musikalischen Ursprung der Tragödie ersetzt. Brechts Theater ist historisch oder episch gerade auch in dem Sinn, daß es von der Fabel als von etwas Vorgegebenem ausgeht, das es nachzuerzählen, nicht aber, als entstünde es aus einem gegenwärtigen Darstellungsakt, vorzustellen gilt[97]. Dieser Unterschied betrifft, wie wir sahen, gerade auch das Wort, durch das eine dramatische Handlung dargestellt wird. Der Schauspieler, nicht das Wort, steht im Zentrum des ganzen Aufführungsaktes. Damit entfällt aber auch die zweite Möglichkeit, den Aufführungsakt nicht aus dem Klang oder der Musikalität, sondern aus der Bedeutung oder der Intentionalität des Wortes in seiner Eigenschaft, Spielform zu sein, herzuleiten. Dies unterscheidet das Theater, »das alles aus dem Gestus nimmt«[98], sowohl vom Platonismus der überlieferten Spielform des Dramas, etwa bei Hofmannsthal, als auch von der Interpretation W. Benjamins. Benjamin hat erstmals auf die zentrale Bedeutung des Gestischen bei Brecht aufmerksam gemacht[99]. Gesten entstehen nach Benjamin durch eine Unterbrechung des Handelns: »Gesten erhalten wir um so mehr, je häufiger wir einen Handelnden unterbrechen[100].« Indem Benjamin dem Text die Aufgabe des Unterbrechens zudenkt, gerät der Gestus, seiner Entstehung nach, für ihn unter den Primat des Wortes. Nach

Brecht ist jedoch der Text, der vom Schauspieler lediglich *zitiert* wird, Teil des »gesellschaftlichen *Gestus*«, der gerade dadurch, daß er zitiert wird, über jede denkbare Präfiguration durch das Wort hinaus, die durch das historische Handeln einzuholen wäre, auf die gesellschaftliche Hervorgebrachtheit der Beziehung der Menschen untereinander verweist[101]. Der Schauspieler, nicht das Wort, *stellt* die Beziehung der Menschen untereinander durch eine Unterbrechung des Handelns für das Urteil des Zuschauers *aus*.

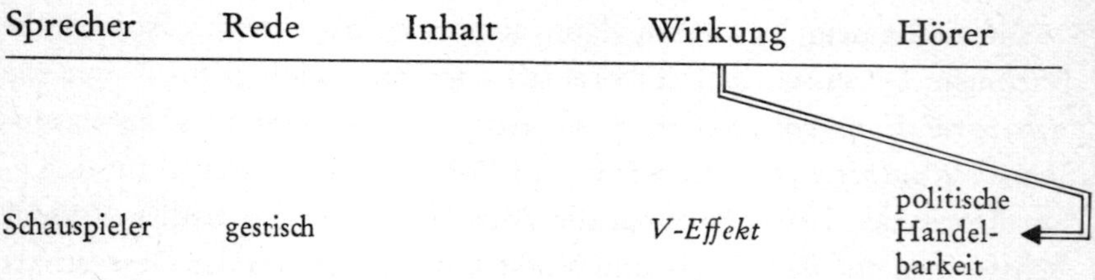

Daß Brecht sich durch den Schauspieler, und nicht durch das Wort, durch die Theaterwirklichkeit, und nicht nach dem Bild der Schauspielmetapher, auf den Zuschauer bezieht, unterscheidet seine Spielform des Dramas von der Spielform des Dramas in der Tradition der Romantik.

Die ästhetische Auffassung des Theaters unterscheidet Brechts *nichtaristotelische* Dramaturgie schließlich auch vom *realistischen Drama Shakespeares und der Shakespeare-Nachfolge.* Seit der Realismusdebatte der Jahre 1937—1941 ist der Vorwurf gegen Brecht nicht verstummt, daß seine Abbildung der Wirklichkeit deshalb keine wirkliche Abbildung sei, weil er das für möglich ausgegebene Handeln nicht auch wirklich darstelle. Seine Personen sind weder handelnde Charaktere noch sollen sie solche sein. Läßt sich dann aber tatsächlich von einer Dialektik auf dem Theater sprechen, bzw. davon, daß »dem fühlenden und denkenden Menschen die Welt, die Menschenwelt, für seine Praxis« ausgeliefert werde[102]? Diese Frage aus dem Standpunkt einer mimetischen Ästhetik berührt nicht nur die ästhetische Qualität der

Stücke Brechts, sondern auch deren Wissenschaftlichkeit. Brecht kennt den Unterschied genau, der ihn von der gesamten bisherigen Dramatik, auch von der nicht-aristotelischen epischen des Shakespeare-Dramas trennt: es ist der »Gegensatz zum dramatischen Theater«[103]. Der Grund, der ihn in diesen Gegensatz bringt, ist indessen ein politischer und ein historischer: die Tatsache, daß er den historischen Materialismus vom Standpunkt eines politischen Denkens aus vertritt. Brecht ist Leninist, jedoch ohne — politisch — den Glauben an eine Objektivität der Dialektik in der Geschichte und der Natur zu übernehmen. Ist sein Verfahren dann aber noch dialektisch? Ist es nicht vielmehr — wissenschaftstheoretisch oder methodologisch — wie die *Interpretationsgemeinschaft* K.-O. Apels[104], wie Habermas' *kommunikative Kompetenz*[105] oder wie die im Vorwort erörterte strukturale Lesertheorie des Textes[106] durch die Anwendung pragmatischer Verhaltensformen auf den Denk- und Vorstellungsspielraum der Gesellschaft ein Verfahren der Ideenpolitik[107], ein Verfahren der politischen oder politisierten Hermeneutik als *Auslegung* dieses Denk- und Vorstellungsspielraums[108]?

Brecht vertritt einen argumentativen Gebrauch der Dialektik: »Es ist psychologisch erklärlich, daß die Sozialisten erlebnismäßig einen sehr schneidigen Fortschrittsbegriff haben. Der Fortschritt besteht im Sozialismus, und ohne Fortschritt ist Sozialismus nicht möglich. Dieser Begriff ›Fortschritt‹ hat große Annehmlichkeiten politischer Art, aber für den Begriff ›Dialektik‹ hat er nachteilige Folgen gehabt. Dialektik ist, unter dem Gesichtswinkel des Fortschritts gesehen, etwas, was die Natur hat (immer gehabt hat), eine Eigenschaft, die aber erst Hegel und Marx entdeckt haben. Vor dieser Entdeckung war die Welt nicht erklärlich, wo etwas von ihr doch erklärt wurde, war man eben, ohne es zu wissen und ohne es sich zu merken, auf ihre Dialektik gestoßen. In den Köpfen der Dialektiker nämlich spiegelt sich nur dieses Ding Dialektik, das die Eigenschaft der Natur ist, wider. So in Kenntnis gesetzt von den Eigentümlichkeiten irdischer Erscheinungen, sind die Dialektiker, in gewaltigem Vorsprung zu andern Menschen, imstand, ihre Vorkehrungen zu treffen. Die Anhänger dieser einfachen, aber begeisternden Auffassung verfallen, wenn man sie auf die Ähnlichkeit ihrer Auffassung mit der einiger Handleser, sie könnten die in der Handfläche gelesenen bevorstehenden Ereignisse jetzt nach ihrer Feststellung natürlich vereiteln, hinweist, in mürrisches und übelnehmerisches Gemurmel. In Wirklichkeit ist die Dialektik eine Denkmethode oder vielmehr eine zusammenhängende Folge intelligibler Methoden, welche es gestattet, gewisse starre Vorstellungen aufzulösen und gegen herrschende Ideologien die Praxis geltend zu machen. Man mag mit gewissem Erfolg in Form gewagter Deduktionen das Verhalten der Natur als dialektisch beweisen können, aber viel leichter ist es, auf die schon erreichten handgreiflichen und unentbehrlichen Erfolge dialektischen Verhaltens, d. h. der Anwendung dialektischer Methoden in bezug auf gesellschaftliche Zustände und Vorkommnisse, also die Natur der Gesellschaft, und zwar unserer Gesellschaft, hinzuweisen. Ich kann mir denken, daß eins gleich eins ist, und ich kann mir denken, daß eins nicht gleich eins ist. Genügt nicht, zu sagen, daß das letztere zu denken günstiger ist, nämlich, wenn ich in bestimmter Weise handeln muß[109]?« Brechts Dialektik des politischen Handelns bleibt Dialektik, weil sie sich nicht — in Opposition zur Zweckhaftigkeit oder Instrumentalität des Handelns — auf eine kommunikative Regularität des Wortes oder des Textes verpflichtet. Geschichtstheoretisch gesehen, steht sie in einer gewissen Nähe zur *Negativen Dialektik* Adornos und der Frankfurter Schule. Brechts Dialektik ist wie jene eine Dialektik der Nicht-Notwendigkeit. »Die ›Notwendigkeit‹ des gegebenen geschichtlichen Prozesses ist eine Vorstellung, die von der Mutmaßung lebt, für jedes geschichtliche Ereignis müsse es zureichende Gründe geben, damit es zustande kommt. In Wirklichkeit gab es aber widersprechende Tendenzen, die streitbar entschieden wurden, das ist viel weniger[110].« Im Unterschied zur *Negativen Dialektik* der Frankfurter Schule ist die Dialektik bei Brecht jedoch ein Verhalten des die Sache Denkenden, nicht ein Verhalten des Denkens oder der Sache selbst. Dies bringt Brecht in die Nähe der experimentellen Dialektik des *trial and error*[110a]. Von ihr unterscheidet ihn aber das ausdrücklich politische Verständnis von Kunst und Wissenschaft. Seine Vorstellung von einem politischen Theater, das nicht »auf die politische Revolution warten [muß, H. T.], um die Vorbilder zu bekommen«[111], sondern das »den ›ideologischen Überbau‹ für die effektiven realen Umschichtungen in der Lebensweise unserer Zeit« schafft[112], ist ausdrücklich im Widerspruch zu der »Erbsünde« der neuzeitlichen Wissenschaft gedacht, die sich institutionalisiert, als reine Wissenschaft, und nicht politisch versteht[113]. Um der reinen Wissenschaft entgegenzutreten, bedarf es indessen eines Verfahrens, das dem operationalen Denken auf gleichem Plan entgegentritt: des Verfahrens einer ästhetisch verfremdenden Dialektik, die das Werk des operationalen Denkens politisch *handelbar*[114] macht.

Dies bezeichnet dann aber auch den Punkt, an dem Brecht — bezieht man das Gesagte auf das Verhältnis von dramatischem und epischem Theater — grundsätzlicher, als er selbst annimmt, im Widerspruch zur bürgerlichen Dramatik des 18. und 19. Jahrhunderts steht. Die bürgerliche Dramatik motivierte die Geschichte aus dem Charakter, dem Handeln, dem Gedanken oder dem Wort. Sie war, auch wenn sie sich nicht allein auf eine Technik des Einfühlens stützte, der Versuch, die Geschichte als Produkt, mithin als produzierbar zu denken. Dies war *ihre* Art, sich die Geschichte — vom Standpunkt einer erst noch durchzusetzenden Produzierbarkeit aus — veränderbar zu denken. Brecht geht in seiner Theorie eines nicht-handelnden Dramas bereits von der Hervorgebrachtheit der Geschichte durch den Menschen aus. Die Vorstellung von einer Werkwirklichkeit der Geschichte teilt Brecht durchaus mit anderen Theorien der Geschichtlichkeit; nur daß er im Unterschied zu ihnen nicht auf der Forderung nach einer Identifikation des Subjekts in der Geschichte beharrt[115], sondern statt dessen eine Identifikation *der* Geschichte postuliert, der Gesetzlichkeiten, nach denen sie gemacht ist und die man kennen muß, um in ihr handeln zu können. »Die Realität muß, bei aller Komplettheit, schon durch eine künstlerische Gestaltung verändert sein, damit sie als veränderbar erkannt und behandelt werden kann[116].« Dies ist *seine* Art, die Wirklichkeit veränderbar zu denken. Er denkt sie als ein Gemachtes, das durch Erkenntnis der Regeln, nach denen es gemacht ist, politisch *handelbar* wird.

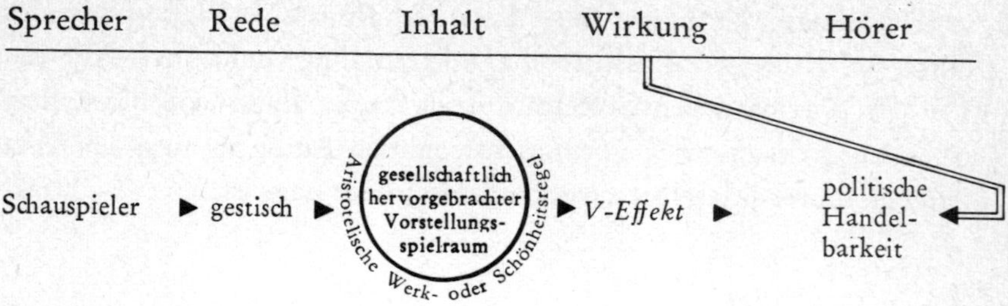

In dieser Verwendung ist das Theater nicht nur die vollständige »Säkularisierung der alten kultischen Institution«, die es als Theater ist[117], sondern die vollständige Säkularisierung der Kunst überhaupt[118]. Dies wiederum schließt ein, daß der Kunst nicht — wie in den voraufgegangenen Epochen einer Produktions- oder Darstellungsästhetik — die Besonderung des Wirklichen als »das wirkliche Sichvollführen des an und für sich Vernünftigen und Wirklichen« in der Erscheinung zugedacht wird[119], sondern, insofern sie als Kunst von der Besonderung oder dem Individuellen nicht absehen kann, die Aufgabe, ein »Abstrahieren« zu ermöglichen[120]. Dieser Unterschied gilt sowohl gegenüber einer Inhaltsästhetik des bürgerlichen oder sozialistischen Realismus als auch gegenüber den zu Beginn erörterten Positionen der Wirkungstheorie bei Lessing und Schiller.

Es dürfte deutlich geworden sein, daß Brechts Wirkungstheorie der Literatur weder in einem dogmatischen Verstand marxistisch noch aber auch im Sinn einer realistischen Ästhetik des 18. und 19. Jahrhunderts bürgerlich aufgefaßt werden kann, daß sie vielmehr in der Geschichte der Wirkungsästhetik einen Punkt bezeichnet, der außerhalb dieser beiden für sie meist in Anspruch genommenen Deutungsmöglichkeiten liegt. Weil die Geschichte als Produkt für das politische Handeln wieder verfügbar zu machen ist, überschreitet Brecht die Grenzen einer Mimesis-Theorie der Kunst. Das Interesse an einer Politisierung der literarischen Öffentlichkeit verbindet ihn mit analogen Bestrebungen in der Literatur- und Gesellschaftswissenschaft heute. Im Unterschied zu ihnen löst sich jedoch bei ihm — vom Standpunkt einer Wirkungstheorie des Textes aus — der Bezug zur pragmatischen Geschichte nicht in ein Hörer- oder Leserverhältnis auf. Vielmehr ist das Hörerverhältnis — als ästhetische Verfremdungsfunktion — für ihn Teil der pragmatischen Geschichte. Es wäre zu fragen, ob nicht diese Auffassung des *epischen Theaters* sowohl den Autor als auch den Text und den Hörer sich selbst zurückzugeben in der Lage ist.

---

1 Aristoteles, Poetik, Kap. 6; in der Übers. von O. Gigon (= RUB 2337), Stuttgart 1974, S. 30.

2 Ebd., Kap. 7, S. 34.

3 Zur Übersetzung von *phobos* und *eleos* vgl. W. Schadewaldt, Furcht und Mitleid? (1955), in: W. S., Antike und Gegenwart. Über die Tragödie (= dtv 342), München 1966, S. 16—60, S. 16 ff. Schadewaldt versucht, das Problem des Ästhetischen in der Wirkung dadurch zu lösen, daß er *phobos* und *eleos* als *Elementaraffekte von Schrecken* und *Jammer* auffaßt. Dies führt jedoch dazu, daß die »spezifische Lust« der Tragödie (ebd., S. 48) als »Erleichterung von Schrecken und Rührung« (S. 53) in »Unterhaltung und Erholung« als Erleichterung von Jammer und Rührung (S. 51) und die »Urlust am Schrecklichen« als Erleichterung von Schrecken oder Schauder (S. 58) auseinanderfällt. Vgl. unten S. 51.

4 Vgl. Lessing, Hamburgische Dramaturgie, 75. Stück, in: G. E. Lessing, Gesammelte Werke in 10 Bdn., hg. v. P. Rilla, Berlin/Weimar ^{2}1968, Bd. 6, S. 380 ff.; M. Kommerell, Lessing und Aristoteles. Untersuchung über die Theorie der Tragödie, Frankfurt a. M. ^{3}1960, S. 213; Schadewaldt, a.a.O., S. 26 ff.; M. Fuhrmann, Einführung in die antike Dichtungstheorie, Darmstadt 1973, S. 91 f.

5 Kommerell, a.a.O., S. 94; Schadewaldt, a.a.O., S. 24 ff.

6 Aristoteles, Rhetorik, Buch II, Kap. 5; in der Übers. von K. L. Roth (= Werke 1, Schr. z. Rhetorik u. Poetik), Stuttgart 1833, S. 133.

7 Ebd., Kap. 8, S. 149.

8 Ebd., Kap. 5, S. 135.

9 Kommerell, a.a.O., S. 92 f.

10 Aristoteles, Rhetorik, Buch II, Kap. 8, a.a.O., S. 149.

11 a.a.O., S. 96.

12 Schadewaldt, a.a.O., S. 58. Zur Herleitung der Wirkung aus der Katharsis vgl. ebd., S. 48 ff.

13 Kommerell, a.a.O., S. 106 u. ö.; Schadewaldt, a.a.O., S. 22 ff.

14 Hamburgische Dramaturgie, a.a.O., S. 381.

15 Kommerell, a.a.O., S. 75 f.

16 Ebd., S. 99.

17 Ebd., S. 96.

18 Ebd., S. 100.

19 Ebd., S. 94; vgl. auch Schadewaldt, a.a.O., S. 24 ff.

20 Zum Handeln aus Vorsatz vgl. Aristoteles, Nikomachische Ethik, Buch III, Kap. 4; in der Übers. von F. Dirlmeier (= RUB 8586-90), Stuttgart 1971, S. 59 ff.

21 a.a.O., S. 135.

22 In diesem Punkt ist Kommerell, sieht man von dem Umstand ab, daß er das Gemeinte am Beispiel eines Tragödienmythos ausführt, eher Platoniker als Aristoteliker.

23 Nikomachische Ethik, Buch VI, Kap. 4 u. 5, a.a.O., S. 157 ff.

24 Schadewaldt, a.a.O., S. 49.

25 Vgl. dagegen F. Tomberg, Mimesis der Praxis und abstrakte Kunst. Ein Versuch über die Mimesistheorie (= Soziol. Essays), Neuwied/Berlin 1968, S. 23.

26 Schadewaldt, a.a.O., S. 46.

27 Zur Kosmodizee der Antike vgl. H. Blumenberg, Die Legitimität der Neuzeit, Frankfurt a. M. 1966, S. 201 ff.

28 Hamburgische Dramaturgie, 32. Stück, a.a.O., S. 165.

29 An Moses Mendelssohn, 2. Febr. 1757, a.a.O., Bd. 9, S. 105.

30 Über den Ursprung der Ungleichheit unter den Menschen, in: J. J. Rousseau, Schriften zur Kulturkritik (Die zwei Diskurse von 1750 und 1755), hg. v. K. Weigand (= Philos. Bibl. 243), Hamburg 1964, S. 61—269, S. 173/175.

31 An Friedrich Nicolai, Nov. 1756, a.a.O., S. 78.

32 Über die Ungleichheit, a.a.O., S. 173.

33 Ebd., S. 177.

34 Ebd., S. 175.

35 Ebd., S. 181.

36 Ebd., S. 169/171, Anm. o.

37 Rousseau bleibt ebensowenig auf dem Standpunkt seiner frühen Gesellschaftskritik stehen. Der Weg, den *er* einschlägt, um »aus dem Übel das Gegenmittel zu gewinnen« (Vom Geselligkeitszustand des Menschengeschlechts überhaupt, a.a.O., S. 285—301, S. 301), ist jedoch, entsprechend seinem Ansatz in der Kulturkritik, nicht die soziale, sondern eine politische Selbstvermittlung des Subjekts. Damit ändert sich dann aber auch die Rolle, die das Mitleid im Denken Rousseaus spielt. Dazu vgl. I. Fetscher, Rousseaus Politische Philosophie. Zur Geschichte des demokratischen Freiheitsbegriffs (= Politica 1), Neuwied/Berlin ²1968.

38 An Friedrich Nicolai, Nov. 1756, a.a.O., S. 77 f.

39 Hamburgische Dramaturgie, 75. Stück, a.a.O., S. 381.

40 Dies geschieht durch die Aufhebung der Unverdientheitsklausel. Ebd., 76. Stück, S. 385 ff.

41 An Moses Mendelssohn, 18. Dez. 1756, a.a.O., S. 96.

42 a.a.O., Bd. 2, S. 7—104.

43 Ebd., V/4, S. 93.

44 Ebd., V/9, S. 99.

45 Ebd., S. 99.

46 Vgl. ebd. II/1, S. 44: »SIR WILLIAM: Ich werde ihrer Gesinnungen dadurch gewiß, und mache ihr Gelegenheit, alles, was ihr die Reue Klägliches und Er-

rötendes eingeben könnte, schon ausgeschüttet zu haben, ehe sie mündlich mit mir spricht. Es wird ihr in einem Briefe weniger Verwirrung, und mir vielleicht weniger Tränen kosten.«

47 a.a.O., III/3, S. 50.

48 Ebd., S. 51.

49 Ebd., S. 54.

50 Ebd., S. 54.

51 Vgl. H. Bornkamm, Die innere Handlung in Lessings ›Miss Sara Sampson‹, in: Euph. 51 (1957) S. 385—396, der die Handlung des Dramas allein mit Bezug auf Sara als »ein religiöses Geschehen: *die Erfahrung und Entfaltung der Vergebung*« interpretiert (S. 388).

52 Die Marwood über Mellefont: »[...] Er hat einen gewissen Punkt, über welchen er sich nicht bringen läßt, und sobald er diesen scharf in das Gesicht bekömmt, springt er ab.« (a.a.O., IV/8, S. 83) Vgl. F. Brüggemann, Lessings Bürgerdramen und der Subjektivismus als Problem (1926), in: Gotthold Ephraim Lessing, hg. v. G. u. S. Bauer (= WdF CCXI), Darmstadt 1968, S. 83—126. Gegen seine Annahme, daß der Individualismus Mellefonts schon nicht mehr zum Typ »eines sozial gewissenlosen Libertins der vorbürgerlichen Zeit« gehöre, sondern daß sich im Motiv der »Ehescheu« bereits die Faszination des Sturm und Drang und der Frühromantik ankündige, spricht die enge Beziehung zwischen Mellefont und der Marwood in diesem Punkt.

53 a.a.O., IV/2, S. 66 f.

54 Das ist der Aspekt, unter dem das höfische Trauerspiel des Barock einen solchen Konflikt thematisiert hätte. Vgl. die beiden Audienzszenen im *Arzt seiner Ehre* von Calderón. Das bürgerliche Drama spricht statt dessen von einer Verpfändung der Natur. Darin spiegelt sich nicht nur ein Wandel in der Auffassung der Natur, sondern auch ein Wandel in der Auffassung der sozialen Verpflichtung.

55 Sara zu Mellefont in V/4, a.a.O., S. 92: »[...] Marwood erwähnte eines Pfandes, und der schwatzhafte Norton — Vergeben Sie es ihm nur — nannte mir einen Namen; einen Namen, Mellefont, welcher eine andre Zärtlichkeit bei Ihnen rege machen muß, als Sie gegen mich empfinden.«

56 Ebd., III/2, S. 47.

57 Ebd., V/4, S. 92.

58 Ebd., S. 92.

59 Ebd., S. 92.

60 An Friedrich Nicolai, Nov. 1756, a.a.O., S. 77.

61 An Friedrich Nicolai, 29. Nov. 1756, ebd., S. 90 f.

62 An Friedrich Nicolai, Nov. 1756, ebd., S. 77.

63 Zum Unterschied zwischen *traditionaler* und *rationaler* Herrschaftsform vgl. M. Weber, Wirtschaft und Gesellschaft. Grundriß der verstehenden Soziologie, hg. v. J. Winckelmann, Tübingen [5]1972, S. 124.

64 Über die ästhetische Erziehung des Menschen in einer Reihe von Briefen, in: F. Schiller, Sämtliche Werke, hg. v. G. Fricke u. H. G. Göpfert, 5 Bde., München [3]1962, Bd. 5, S. 570—669.

65 Ebd., S. 574.

66 Ebd., S. 581—600 (6.—10. Brief).

67 Ebd., S. 577.

68 Ebd., S. 588. Hierzu und zum Folgenden vgl. H. Turk, Literatur und Praxis. Versuch über eine Theorie der literarischen Wirkung, in diesem Band S. 11—46.

69 Ästhetische Briefe, a.a.O., S. 637.

70 Ebd., S. 667.

71 Zum Unterschied von Urteils- und Tathandlung in der Dramaturgie vgl. H. Turk, Dialektischer Dialog. Literaturwissenschaftliche Untersuchung zum Problem der Verständigung, Göttingen 1975, S. 129—150.

72 Dazu vgl. G. Ueding, Schillers Rhetorik. Idealistische Wirkungsästhetik und rhetorische Tradition (= Stud. z. dt. Lit. 27), Tübingen 1971.

73 Vgl. Über Anmut und Würde, a.a.O., S. 433—488, S. 478 f. Zur Wirkungsgeschichte der rhetorischen Stillehre vgl. K. Dockhorn, Die Rhetorik als Quelle des vorromantischen Irrationalismus in der Literatur- und Geistesgeschichte, in: K. D., Macht und Wirkung der Rhetorik. Vier Aufsätze zur Ideengeschichte der Vormoderne (= respublica literaria 2), Bad Homburg/Berlin/Zürich 1968, S. 46—95.

74 Über Anmut und Würde, a.a.O., S. 480.

75 Ebd., S. 480 f.

76 Ästhetische Briefe, a.a.O., S. 619 ff. (16. Brief).

77 Ebd., S. 660.

78 So z. B. in der Diskurs-Theorie von J. Habermas, Vorbereitende Bemerkungen zu einer Theorie der kommunikativen Kompetenz, in: J. H. u. N. Luhmann, Theorie der Gesellschaft oder Sozialtechnologie — Was leistet die Systemforschung? (= Theorie-Diskussion), Frankfurt a. M. 1971, S. 101—141. Dazu vgl. H. Turk, Dialektischer Dialog, a.a.O., S. 54—64.

79 Über den Einfluß des Behaviorismus in diesem Zusammenhang vgl. H. Rosenbauer, Brecht und der Behaviorismus (= These, NF, Bd. 1), Bad Homburg/Berlin/Zürich 1970.

80 Aus: Schriften zum Theater (Kleines Organon für das Theater), in: B. Brecht, Gesammelte Werke in 20 Bdn. (= werkausg. ed. suhrkamp), Frankfurt a. M. 1973, Bd. 16, S. 673.

81 Ebd., S. 681 f.

82 Ebd., S. 680.

83 Aus: Über eine nichtaristotelische Dramatik, ebd., Bd. 15, S. 251.

84 Aus: Der Weg zum zeitgenössischen Theater, ebd., S. 171 f.

85 Über eine nichtaristotelische Dramatik, ebd., S. 251.

86 Aus: Der Messingkauf, ebd., Bd. 16, S. 582 f.

87 Ebd., S. 573.

88 Kleines Organon, ebd., S. 697.

89 Der Messingkauf, ebd., S. 558.

90 Kleines Organon, ebd., S. 688.

91 Der Messingkauf, ebd., S. 655.

92 Ebd., S. 655.

93 Aristoteles, Poetik, Kap. 6, a.a.O., S. 30 ff.

94 Kleines Organon, a.a.O., S. 669.

95 Aus: Über Bühnenbau und Musik des epischen Theaters, ebd., Bd. 15, S. 495.

96 Vgl. dazu P. Szondi, Theorie des modernen Dramas, 1880—1950 (= es 27), Frankfurt a. M. [9]1973.

97 Aus: Neue Technik der Schauspielkunst, a.a.O., Bd. 15, S. 347 u. ö.

98 Kleines Organon, a.a.O., S. 698.

99 Versuche über Brecht, hg. v. R. Tiedemann (= es 172), Frankfurt a. M. 1966. Vgl. A. Schöne, Bertolt Brecht. Theatertheorie und dramatische Dichtung, in: Euph. 52 (1958) S. 272—296.

100 a.a.O., S. 9.

101 Kleines Organon, a.a.O., S. 694: »Einen Besuch, die Behandlung eines Feindes, das Treffen von Liebenden, Abmachungen geschäftlicher oder politischer Art kann man bringen, als ob man lediglich eine Sitte darstellte, die an diesen Orten herrscht. So dargestellt, bekommt der einmalige und besondere Vorgang ein befremdliches Aussehen, weil er als Allgemeines, zur Sitte Gewordenes erscheint.« Vgl. ferner ebd., S. 689 f.; zum *gestischen Material* ebd., S. 693.

102 Materialien zu Brechts ›Leben des Galilei‹ (= es 44), Frankfurt a. M. [9]1973, S. 26.

103 Der Weg zum zeitgenössischen Theater, a.a.O., S. 134.

104 Einführung: Peirces Denkweg vom Pragmatismus zum Pragmatizismus, in: Ch. S. Peirce, Schriften I u. II, aus d. Amerik. übers. v. G. Wartenberg, hg. v. K.-O. Apel (= Theorie 1), Frankfurt a. M. 1967—1970, II, S. 11—211, S. 206; vgl. ferner Apels Konzept eines *humanistischen Pragmatismus,* ebd., S. 209.

105 Vgl. oben Anm. 78.

106 Neben Blumenberg, Iser, Jauß vgl. auch L. Althusser u. E. Balibar, Das Kapital lesen I u. II, aus d. Frz. übers. v. K.-D. Thieme (= rde 336 u. 337), Reinbek 1972.

107 Zur Ideenpolitik vgl. Blumenberg, a.a.O., S. 16, sowie H. Lübbe, Säkularisierung. Geschichte eines ideenpolitischen Begriffs, Freiburg/München 1965.

108 Kleines Organon, a.a.O., S. 693.

109 Aus: Schriften zur Politik und Gesellschaft (Notizen zur Philosophie), a.a.O., Bd. 20, S. 151 f.

110 Ebd., S. 156.

110a K. R. Popper, Was ist Dialektik? In: Logik der Sozialwissenschaften, hg. v. E. Topitsch (= Neue Wiss. Bibl. 6), Köln/Berlin [7]1971, S. 262—290.

111 Der Weg zum zeitgenössischen Theater, a.a.O., S. 175.

112 Ebd., S. 132.

113 Materialien zu Brechts ›Leben des Galilei‹, a.a.O., S. 12. Zur Institutionalisierungsfunktion der Wissenschaft vgl. N. Luhmann, Systemtheoretische Argumentationen. Eine Entgegnung auf Jürgen Habermas, in: J. Habermas u. N. L., Theorie der Gesellschaft, a.a.O., S. 291—405, S. 378 ff.

114 Kleines Organon, a.a.O., S. 680 u. ö.

115 Heideggers Frage nach dem »Wer des Daseins«, in: M. H., Sein und Zeit, Tübingen [8]1957, S. 114 ff. u. 372 ff.

116 Über eine nichtaristotelische Dramatik, a.a.O., S. 251.

117 Der Messingkauf, a.a.O., S. 657.

118 Aus: Schriften zur Literatur und Kunst (Über den Realismus), a.a.O., Bd. 19, S. 355.

119 Hegel, Vorlesungen über die Aesthetik I—III, in: G. W. F. Hegel, Sämtliche Werke, Jubiläumsausg. in 20 Bdn., hg. v. H. Glockner, Stuttgart/Bad Cannstatt [4]1961—1968, Bd. 12—14, 1964, III, S. 486.

120 Über den Realismus, a.a.O., S. 326.

Ästhetische Reflexion

Zu den handlungstheoretischen Grundlagen Hegels und des Pragmatismus[1]

»Wenn die neuzeitliche Vernunft in ihrer Gestalt als Philosophie den Grundzug der Überanstrengung an den großen und allzu großen Fragen annahm, der von den Bestreitern ihrer Legitimität als Hybris ausgelegt werden sollte, dann lag dies nicht an so etwas wie der ›Dämonie‹ ihrer Weltlichkeit und ihres spontanen Erkenntniswillens, sondern an der Überforderung durch die Fragen, die ihr hinterlassen worden waren. Der Schein der Illegitimität des neuen Anfangs entsteht dadurch, daß die Fragen neuerdings als gestellt und aufgegeben angenommen werden, die das Mittelalter sich gestellt und vorgeblich beantwortet hatte, die aber nur und gerade deshalb aufgeworfen worden waren, weil man sich schon im Besitz der ›Antworten‹ glaubte. Die Kontinuität der Geschichte über den Epochenbruch hinweg liegt nicht im Bestand einer ideellen Substanz, sondern in der Hypothek der Probleme, in der übernommenen Funktion, auch und wieder zu wissen, was schon einmal gewußt worden war[2].« Die Methodendiskussion der letzten Jahre hat die geschichtsphilosophischen Fragestellungen problematisiert, die von der Literaturwissenschaft — der Literaturtheorie[3] ebenso wie der Interpretation[4] — vorausgesetzt wurden. Die »Möglichkeit der Begründung der Geschichte«[5] ist kein Thema der Literaturwissenschaft mehr, wenn der Sinn eines solchen Problems als »Überforderung« in Frage gestellt wird. Zweifellos *stellt* die Literatur überzogene Fragen. Die Frage, ob sie *destruiert*[6] oder gelöst werden müssen, ist eine Frage des analytischen oder dialektischen Literaturverständnisses, der theoretischen oder praktischen Auffassung der Literatur. Sie ist eine Frage der handlungstheoretischen Bestimmung der ästhetischen Reflexion. Sie auszuarbeiten ist die Absicht des folgenden Beitrags. Er erörtert die handlungstheoretischen Grundlagen der Poetik in Hegels *Aesthetik* im Vergleich zur pragmatischen Auffassung des Ästhetischen bei Ch. S. Peirce.

Die Frage nach den handlungstheoretischen Grundlagen der *Aesthetik* Hegels führt auf ein Problem der marxistischen Hegelinterpretation[7]. Ist das Handeln bei Hegel mit Marx als *Arbeit* aufzufassen[8] oder, wie J. Habermas nahelegt, im Unterschied zur »Synthesis durch Arbeit« als ein politisches *Anerkennen*[9]? Ist es, worauf die Interpretation von A. Kojève deutet[10], als dieses Anerkennen philosophisch zuerst und zuletzt ein *Erkennen*? Hegel versteht das Handeln wesentlich als Tat, die Tat aber als die Darstellung *des negativen Wesens der Individualität:* »Das *wahre Seyn* des Menschen ist [. . .] *seine That;* [. . .] die Individualität stellt sich [. . .] in der Handlung als das *negative* Wesen dar, welches nur *ist,* insofern es Seyn aufhebt[11].« In den Äußerungen der Sprache und der Arbeit negiert die Tat das unmittelbare Dasein und *Meinen* der Individualität. Die Tat läßt *das Innere ganz außer sich kommen* und gibt es *anderem* preis. Durch sie *setzt* sich die Individualität in ein *Sein für andere* und für *anderes.* »Sprache und Arbeit sind Aeußerungen, worin das Individuum nicht mehr an ihm selbst sich behält und besitzt, sondern das Innere ganz außer sich kommen läßt, und dasselbe Anderem preisgiebt[12].« Dies ist jedoch erst die eine Seite der Negativität der Tat. Durch ein Handeln der *Gesinnung* und ein Handeln des *Gewissens* schließt die Individualität sich mit der Wirklichkeit des Getanen wiederum zusammen, die dadurch ihr Tun wird. Das Handeln der *Gesinnung* ist — als Schuldanerkenntnis — ein Anerkennen der Wirklichkeit der Tat: »Das sittliche Bewußtseyn muß sein Entgegengesetztes um dieser Wirklichkeit willen, und um seines Thuns willen, als die seinige, es muß seine Schuld anerkennen[13]«. Das *Aussprechen* des *Gewissens* ist ein Anerkanntwerden der Tat durch die anderen: »Durch dieß Aussprechen wird das Selbst zum Geltenden und die Handlung zur ausführenden That[14].« Dieses Anerkennen und An-

erkanntsein führt jedoch die wesentliche Schwierigkeit überhaupt erst herauf. In der allgemeinen Anerkennung ist das Allgemeine *nicht getan*[15]. In der Anerkennung des Allgemeinen ist *nicht das Allgemeine* getan[16]. Die wahre Wirklichkeit des Allgemeinen wäre erst hervorgebracht, wenn dieses selbst sich in der absoluten Einzelheit *erkennen* und sie *anerkennen* würde. »Das Wort der Versöhnung ist der *daseyende* Geist, der das reine Wissen seiner selbst als *allgemeinen* Wesens in seinem Gegentheile, in dem reinen Wissen seiner als der absolut in sich seyenden *Einzelnheit* anschaut, — ein gegenseitiges Anerkennen, welches der *absolute Geist* ist[17].« Dies wäre die Tat der Einzelheit oder der Individualität; denn indem *sie* ihre »Wirklichkeit wegwirft und sich zum *aufgehobenen Diesen* macht, stellt [sie, H. T.] sich dadurch in der That als Allgemeines dar[18]«. Widerspricht aber nicht dieser Tatbegriff des Handelns der »Wahrheit des selbstständigen Bewußtseyns«, nach der die »Bewegung des *Anerkennens«* mit der *ersten Tathandlung des Ich,* seiner Setzung als Selbstbewußtsein, zu deren sozialer Vermittlung auf die Bahn einer Selbstverwirklichung durch Arbeit *und* Rede geleitet wird[19]?
Im *Werk,* der dritten Manifestation der Einzelheit neben dem Anerkennen und dem Anerkanntwerden der Tat, wäre die Möglichkeit eines vermittelnden Zusammenschlusses der Sache mit ihrem Urheber der Gebrauch[20]. Hegel denkt — im Unterschied zu Marx — diesen Schluß nicht, sondern das aneignende, formierende und bildende Tun der Arbeit kehrt — wie das Handeln der Rede — nach der vollständigen Ausbildung der Einzelheit auf den Stand eines *Kampfes* um Anerkennung zurück: »Das Werk *ist,* d. h. es ist für andere Individualitäten, und für sie eine fremde Wirklichkeit, an deren Stelle *sie* die ihrige setzen müssen, um durch *ihr* Thun sich das Bewußtseyn *ihrer* Einheit mit der Wirklichkeit zu geben[21]«. »Das Große an der Hegelschen ›Phänomenologie‹ [...] ist [...], daß Hegel die Selbsterzeugung des Menschen als einen Prozeß faßt, [...] daß er [...] das Wesen der *Arbeit* faßt und den gegenständlichen Menschen, wahren, weil wirklichen Menschen, als Resultat seiner *eignen Arbeit* begreift[22].« Dieser Deutung der *Phänomenologie* durch Marx widerspricht, daß Hegel nicht die

Individualität hervorgebracht durch gesellschaftliche Arbeit[23], sondern die gesellschaftliche Arbeit vom Standpunkt des Hervorgebrachten aus, als Tat und Handlung der Individualität[24], denkt. Der Individualismus dieser Auffassung hindert auch, im Sinn der Interpretation Habermas' von einem wechselseitigen *Sich Erkennen im Anderen* zu sprechen[25]. In der *Phänomenologie* ist »die Bewegung der Individualität [...] die Realität des Allgemeinen[26]«. Heißt das aber nicht, daß Hegel die Gesellschaft überhaupt als ein Handeln begreift[27]? Er begreift sie als ein Handeln, indem er die Individualität, deren *Tat* das *Sein für andere* ist, ihre Hervorgebrachtheit verleugnen läßt und die soziale Wirklichkeit ihrer Existenz aus dem Standpunkt des Selbstbewußtseins durch eine »Bewegung des Zwecks«[28] vermittelt denkt.
Für Hegel ist die Frage des Anerkennens — zuerst oder zuletzt — die Frage einer Selbstdarstellung des Handelns in der »Bewegung des Zwecks«, d. h. aber des Erkennens in der *Logik*. Hegel kritisiert — im Gegensatz zu Kant und Fichte — den abstrakten Sollenscharakter jedes *gesetzten* Zwecks. So heißt es in der *Phänomenologie:* »[...] die Sache ist nicht in ihrem *Zwecke* erschöpft, sondern in ihrer *Ausführung*, noch ist das *Resultat* das *wirkliche* Ganze, sondern es zusammen mit seinem Werden[29]«. Nun ist die Frage der Zwecktätigkeit von alters her sowohl eine Frage des Erkennens — im Problem einer Zweckmäßigkeit des Erkennens für das Zu-Erkennende oder umgekehrt — als auch eine Frage des Handelns — im Problem einer Zweckmäßigkeit des Einzelnen für das Ganze oder umgekehrt. Theoretische und praktische Überlegungen konvergieren in der Frage der Zwecktätigkeit. Eine Erkenntnistheorie ist nach Kant konstitutiv oder objektiv-teleologisch, wenn sie von einer Zweckmäßigkeit des Erkennens für das Zu-Erkennende ausgeht; sie ist reflexiv oder subjektiv-teleologisch, wenn sie eine Zweckmäßigkeit des Zu-Erkennenden für das Erkennen postuliert[30]. Beide Auffassungsweisen haben ihre Entsprechung in der Ethik und in der Politik. In der Ethik unterscheidet man traditionellerweise Handlungen, die ihren Zweck außerhalb ihrer haben, von Handlungen, die ihren Zweck in sich tragen, die sich selbst Zweck und Ziel sind[31]. Nur die letzteren gelten als ethische Handlungen, bzw.

— wählt man den Standpunkt im Handeln des einzelnen — nur die letzteren gelten überhaupt als ein Handeln. Ethiken, die wir die Aristotelische ontologisch auf einer objektiv-teleologischen Theorie des Erkennens aufbauen[32], denken die Zwecke als Grund des Handelns dem Handelnden vorgegeben. Der Handelnde *setzt* keine Zwecke, sondern er wählt, was ihm Zweck seines Handelns sein kann[33]. N. Hartmann[34] urteilt von einem nachkantischen Standpunkt aus, wenn er bei Aristoteles — anders als bei Hegel — das *Setzen* der Zwecke vermißt. Das *Setzen* von Zwecken setzt — auf der Seite des Erkennens — ein Verfügen über das Zu-Erkennende voraus. Diese Möglichkeit wird durch Kant eröffnet, indem er an die Stelle einer objektiven Zweckmäßigkeit des Zu-Erkennenden in sich — subjektiv-teleologisch oder reflexiv — eine Zweckmäßigkeit des Erkennens in sich treten läßt[35]. Die Annahme hat für die Ontologie wie für die Politik Konsequenzen. Wenn etwas für ein anderes als zweckmäßig gelten soll, dann muß das Prinzip der Zweckmäßigkeit, damit das Denken von der Richtigkeit seiner Ausrichtung überzeugt sein kann, in dem anderen demonstriert oder dargestellt sein, für das etwas zweckmäßig sein soll[36]. So ist für die Aristotelische Ethik und Politik die Zweckmäßigkeit des Erkennens für das Zu-Erkennende aus der Zweckmäßigkeit dessen, was selbsttätig ist, ontologisch beweiskräftig. Die neuzeitliche Ethik und Politik kann sich nicht mehr auf einen ontologischen Beweis der Zweckmäßigkeit stützen. Wenn sie die Zweckmäßigkeit des Zu-Erkennenden in sich durch eine Zweckmäßigkeit des Erkennens in sich ersetzt, dann muß sie die Möglichkeit einer solchen Zweckmäßigkeit aus den Handlungen des Erkennens beweisen. Diese Handlungen können — wie in der Geschichtsphilosophie Fichtes oder Kants — Handlungen der Annäherung an eine letzte Zweckmäßigkeit sein. Sie sind dann — im Blick auf die durch sie mit hervorgebrachte Geschichte *subjektiv-konstitutiv*[37]. Die Zweckmäßigkeit, die von ihnen als *Endzweck* in der Geschichte angestrebt wird, ist der Geschichte reflexiv als Möglichkeit bloß zugedacht. Damit bleibt jedoch ihre *wirkliche Möglichkeit*, die eines Beweises aus der Geschichte bedürfte, ungeklärt. Die Zweckmäßigkeit kann — wie bei Schelling — geschichtlich durch die Werke der Kunst verbürgt gedacht sein[38]. Als Hervorbringung in der Geschichte, die, um Geschichte zu sein, notwendig hinter dem, was sein kann, zurückbleibt[39], hätten die Werke der Kunst genau den Status einer wirklichen Möglichkeit. Sie wären der Geschichte nach einer ihr eigenen Logik als unendliche Aufgabe vorgesetzt, — jedoch um den Preis ihrer Nichtwirklichkeit. Anders als aus der Geschichte läßt sich die Zweckmäßigkeit nicht mehr beweisen, seitdem das Erkennen als ein Handeln in der Geschichte aufgefaßt worden ist[40]. Der dritte Weg, die Zweckmäßigkeit *in der Geschichte* als mögliche Wirklichkeit eines in ihr vorgesetzten Zwecks aufzusuchen, ist der Weg Hegels.

Hegel denkt die Zweckmäßigkeit der Geschichte vom Standpunkt des in ihr Hervorgebrachten aus: mit dem *Organ* des individuellen Handelns, das sich durch sein Erkennen zu sich selbst und zu seiner Wirklichkeit vermittelt. Die Darstellung des Erkenntnishandelns mündet nicht in einem System der Arbeit oder der Kunst, dem ökonomischen oder ästhetischen Erkennen der bürgerlichen Gesellschaft, sondern in einem System der Wissenschaft und des Rechts, dem philosophischen und politischen Begreifen dieser Gesellschaft. Die Reflexion des Handelns dieser Gesellschaft ist individualistisch: indem sie das Ganze, »Resultat« oder »Zweck«, aus dem Standpunkt der absoluten Einzelheit, die sich zu dieser Wirklichkeit vermittelt, aufschließbar denkt. Das Handeln des einzelnen kann nicht mehr in der Form der Zweck*tätigkeit* zulänglich bestimmt werden[41], sondern es muß aus dieser es einschränkenden Reflexionsgestalt heraustreten und sich als die Ausführung des darin gelegenen Setzungsaktes begreifen. Die Zwecktätigkeit wird zur *Zweckbeziehung*[42], das Ganze zum Ganzen einer Bewegung des Zwecks. Ihre Darstellung in der Form eines philosophischen Beweises gewinnt diese *Zweckbeziehung* durch eine Reflexion des Handelns in der Logik. Hegel geht in der Auffassung des Zwecks über Kants *Kritik der Urteilskraft* auch insofern hinaus, als er den Zweck nicht länger in dem Status eines Zweckmäßigkeits*urteils* beläßt. Als *gesetzter* Zweck ist der Zweck schon immer Bestandteil des sich ausführenden Handelns. Er setzt — als Mittel und als Material — eine ihm äußerliche Objektivität voraus. Um ihn in seiner Ausführung aufzufassen, muß man den Zweck in den *Schluß* übergehend denken: »Die Zweckbeziehung ist dadurch mehr als *Urtheil,* sie ist der *Schluß* des selbstständigen freien Begriffs, der sich durch die Objektivität mit sich selbst zusammenschließt[43].« Das Resultat, mit dem der *selbständige freie Begriff* diesen Schluß ausführt, hängt von der Mittelrelation des auszuführenden Zwecks ab. Solange die Zweckbeziehung in der Form des Herstellens, bezogen auf eine äußere Objektivität, von der Logik reflektiert wird, kommt der *selbständige freie Begriff* über das Problem seiner Vermittlung, in eine ihm äußerliche Objektivität *versenkt* zu sein, nicht hinaus. Seine Vermittlung verläuft sich in dem *Schein* einer schlechten *Unendlichkeit*[44], statt, wie es in seiner Ausführung vorgezeichnet ist, durch einen Schluß an ihr wirkliches Ende zu kommen. Die Vermittlung müßte sich in dem Schluß selbst aufheben[45]. Dies wird möglich, sobald das Erkennen nicht mehr sich in der Form des Herstellens, sondern die Form des Herstellens in sich zu erkennen sucht. Der Unterschied, der zwischen Mittel und Zweck, Zweck und äußerer Objektivität im Fall des Herstellungshandelns immer zu denken ist, fällt dann nicht mehr in die Wirklichkeit, sondern allein noch in die Ansicht, die das Erkennen von dieser Wirklichkeit hat: »[...] was den objektiven Begriff noch *begrenzt,* ist seine eigene *Ansicht* von sich, die durch die Reflexion auf das, was seine Verwirklichung *an sich* ist, verschwindet; er steht nur sich selbst durch diese Ansicht im Wege, und hat sich darüber nicht gegen eine äußere Wirklichkeit, sondern gegen sich selbst zu richten[46].« Das Handeln der Erkenntnis — als Zweckerkenntnis — muß sich selbst zum Inhalt werden, damit der Zweck als die *wahrhafte Mitte und Einheit* erscheinen[47] und die Vermittlung nach der Art des Herstellens sich selbst aufheben kann[48]: »In dem Resultate hebt die Vermittelung sich selbst auf, es ist eine *Unmittelbarkeit,* welche nicht die Wiederherstellung der Voraussetzung, sondern vielmehr deren Aufgehobenseyn ist[49].« Dies heißt jedoch nichts anderes, als daß sich das Erkennen vollkommen als Handeln und das Handeln vollkommen als Erkennen erfaßt. Erst auf diesem Punkt löst sich der *Schein* einer schlechten Unendlichkeit wirklich auf. Er löst sich durch seine Darstellung auf: »Die gegen den Begriff selbststän-

dige Aeußerlichkeit des Objekts, welche der Zweck sich voraussetzt, ist in dieser Voraussetzung als ein unwesentlicher Schein *gesetzt*, und auch an und für sich schon aufgehoben; die Thätigkeit des Zwecks ist daher eigentlich nur Darstellung dieses Scheins und Aufheben desselben[50].«
Die Logik löst das Problem des Anerkennens als ein Problem des Erkennens. Sie gelangt zu einer positiven Darstellung des Handelns und des Erkennens, indem sie das Handeln sich in der Reflexion seiner Zweckbeziehung selbst darstellen läßt.

Man kann gegen diesen Zweckmäßigkeitsbeweis in der *Logik* nicht mehr — wie gegen den Zweckmäßigkeitsbeweis der *Phänomenologie* — mit Kojève einwenden, daß er *keine* dialektische Darstellung, sondern nur das passive Zusehen einer beschreibenden philosophischen Rede sei[51], wohl aber — aus dem Standpunkt des Handelns mit Marx —, daß das Handeln, von dem in dieser Reflexion die Rede ist, und das Handeln, das diese Reflexion selbst ist, wie in der *Phänomenologie* ein »*Tun* der Philosophie« bleibt[52]. Man kann dieses »Tun« — entschiedener als Marx — als Methode einer Selbstdarstellung des Erkennens im Handeln oder des Handelns im Erkennen auf seine Wirkung befragen. Man kann mit L. Althusser[53], N. Luhmann[54] oder Peirce[55] die Berechtigung einer dialektischen Selbstvermittlung des Handelns überhaupt bestreiten, indem man Kritik übt an der mythenbildenden Kraft der philosophischen Rede[56], an der Schwerfälligkeit eines *alteuropäisch*[57] gefaßten Zweckbegriffs, an der logischen und praktischen Widersprüchlichkeit einer solchen Reflexion des Erkennens auf sich im Handeln oder des Handelns auf sich im Erkennen[58]. Die Einwände stellen die Möglichkeit einer philosophischen Zweckmäßigkeitserkenntnis überhaupt in Frage, philosophisch durchgeführt — im semiotischen Pragmatismus von Peirce — verbannen sie den Zweckmäßigkeitsbeweis aus der philosophischen Erkenntnis; sie delegieren ihn an die Ästhetik. Dieser Inanspruchnahme der Ästhetik müssen wir uns zuwenden, um die Hegelsche Ästhetik zu ihr in Beziehung zu setzen.

Peirce ist dem gegenwärtigen Leser als Hermeneutiker durch K.-O. Apel[59], als Wissenschaftstheoretiker durch Habermas[60], als Semiotiker durch M. Bense[61] ein Begriff. Ich wende mich, ohne die Unverträglichkeit dieser Positionen näher zu erörtern[62], *dem* Aspekt zu, von dem aus sie bei Peirce zusammenhängend gedacht sind: dem Peirceschen Pragmatismus. In seiner *Pragmatismus-Vorlesung* (1903)[63], die auf das behavioristische Mißverständnis des Pragmatismus bei James antwortet, teilt Peirce die Philosophie entsprechend dem Kategorienschema seiner Relationslogik in »drei große Gebiete« ein: die Phänomenologie, die normative Wissenschaft und die Metaphysik. Die Phänomenologie unterscheidet, indem sie »einfach das universale Phänomen betrachtet«, »dessen überall zu findende Elemente Erstheit, Zweitheit und Drittheit[64]«. Die normative Wissenschaft untersucht »die universalen und notwendigen Gesetze der Relation von Phänomenen auf Zwecke hin«, diese sind »Wahrheit, Gerechtigkeit und Schönheit«; die Metaphysik hat zur Aufgabe, »die Realität der Phänomene zu verstehen[65]«. Phänomenologie, normative Wissenschaft und Metaphysik stehen zueinander im Verhältnis der »Erstheit«, »Zweitheit« und »Drittheit«, bzw. in dem der »Qualität«, »Relation« und »Vermittlung«[66]. Über die normative Wissenschaft sind Logik und Mathematik[67], über die Metaphysik die empirischen Einzelwissenschaften an das System der Wissenschaft angeschlossen[68]. Logik, Mathematik und empirische Einzelwissenschaften überprüfen — inhaltlich und formal — die »Hypothesen« der Metaphysik[69]. Peirce ist als Semiotiker Realist. Um den Realismus seiner Semiotik zu beweisen, greift er zu einer dreifachen Inanspruchnahme der Ästhetik. Auf die Frage der metaphysischen Zweckmäßigkeit seiner Kategorien gibt er zur Antwort: »[...] das Universum ist ein gewaltiges Zeichen ⟨representamen⟩, ein großes Symbol für Gottes Intention«; indem es Gottes »Konklusionen in lebendigen Realitäten ausarbeitet«, ist es »genau gesagt, ein Argument«; als Argument ist das Universum aber »notwendig ein großes Kunstwerk, ein großes Gedicht — genau wie jedes wahre Gedicht ein gutes Argument ist[70]«. Der Grund für diese Annahme ergibt sich aus der zweiten Inanspruchnahme der Ästhetik. Peirce ist als Realist Pragmatiker. Er definiert die Realität einer Erkenntnis nicht durch die Wirkung, die auf das Erkennen eindringt, sondern durch die Wirkung, die von dem Erkennen ausgeht[71]. Die zweite Inanspruchnahme der

Ästhetik ist praktisch. Sie betrifft die Überzeugungskraft von Argumenten überhaupt: »Andererseits muß ein letztgültiger Zweck des Handelns, der *überlegtermaßen* angenommen wird [...] ein Sachverhalt sein, der *aus Vernunftgründen sich selbst an sich* unabhängig von jeder darüber hinausgehenden Überlegung empfiehlt. Es muß ein *bewundernswertes Ideal* sein, das die einzige Art von Güte besitzen muß, die ein solches Ideal haben *kann;* nämlich ästhetische Güte. Aus diesem Gesichtspunkt heraus erscheint das moralische Gut als eine besondere Art des ästhetisch Guten[72].« Nun ist das »logisch Gute« — wie Peirce ausführt — »eine besondere Art des moralisch Guten[73]«. Also kann in der Metaphysik vom Universum ausgesagt werden, daß es ästhetische Güte besitzt. Die ästhetische Güte *muß* in der Metaphysik von dem Universum ausgesagt werden, weil sonst die *Interpretationsgemeinschaft* der Forscher, die Träger des Fortschritts in der Geschichte und einer Evolution des Universums ist, kein *absolutes Ziel*, kein Ziel, das sie unter wechselnden Umständen konsistent verfolgen könnte, hätte: »Damit das Ziel unter allen Umständen unwandelbar bleibt, denn ohne das würde es kein letztes Ziel sein, ist es erforderlich, daß es in Harmonie mit einer freien Entwicklung der eigenen ästhetischen Qualität des Handelnden steht. Zu gleicher Zeit ist es erforderlich, daß es nicht letztlich dazu tendiert, von den Reaktionen beeinträchtigt zu werden, die der Handelnde von jener äußeren Welt erfährt, die in der Idee des Handelns selbst schon vorausgesetzt wird. Es ist klar, daß diese beiden Bedingungen nur dann auf einmal erfüllt werden können, wenn es dahin kommt, daß die ästhetische Qualität, auf die hin die freie Entwicklung des Handelnden tendiert, und die ästhetische Qualität der letztlichen Einwirkung der Erfahrung auf ihn Teile eines ästhetischen Ganzen sind[74].« Innere und äußere Wirklichkeit müssen nach der Art einer ästhetischen Zweckmäßigkeit konvergieren, damit der geschichtliche Fortschritt zu einer letzten Zweckmäßigkeit sowohl theoretisch als auch praktisch sichergestellt ist. Peirce' Auffassung von der Funktion des Ästhetischen für das Handeln unterscheidet sich von ähnlichen Überlegungen bei Kant und bei Schiller[75] dadurch, daß Peirce das Ästhetische — als ästhetische Verfassung der Welt — normativontologisch denkt. Begründet sich diese Auffassung bei Peirce nun dadurch, daß er dem »ästhetischen Ganzen« ein semiotisches Vorverständnis zugrundelegt[76]?

Die wichtigste Inanspruchnahme der Ästhetik durch den Pragmatismus ist ihre Inanspruchnahme als Konsistenzbeweis für die Semiotik. Peirce vermittelt das ästhetische und das metaphysische Urteil in dem oben zitierten kosmologischen Argument durch einen semiotischen Bezug. Das ausgesparte Zwischenstück des Textes lautet: »Nun muß jedes Symbol, als organisches Zubehör, seine Indices, welche Reaktionen anzeigen, und seine Ikone, welche Qualitäten ausdrücken, besitzen. Und eben die Rolle, welche diese Reaktionen und diese Qualitäten in einem Argument spielen, spielen sie natürlich auch im Universum — denn das Universum ist, genau gesagt, ein Argument[77].« Peirce vertritt einen Pansemiotismus. Wie stimmt dieser mit seinem pragmatischen Verständnis des Realismus überein? Peirce' Pansemiotismus ist metaphysisch evolutionär[78]. Was die Zeichen ihrer Realität nach sind, sind sie mit größtmöglicher Wirklichkeit und Deutlichkeit erst in *der* Zeichenrealisation, die der Mensch ist. Für den Menschen gilt in besonderem Maße, daß die *Semiose* oder »Aktion eines Zeichens«[79] über die logische und emotionale Interpretation hinaus mit einem »energetischen« oder pragmatischen Interpretanten ausgestattet ist: dem *Habit-taking* oder der Neueinrichtung einer Verhaltensgewohnheit aus Überzeugung[80]. Für diesen Fall ist ein Handeln — kein Begriff — Interpretant des Zeichens. Das hat zur Konsequenz, daß der Prozeß einer im Prinzip unendlichen logischen Interpretation von Zeichen durch Zeichen[81] mit dem Auftreten eines »endgültige[n]« Interpretanten, der kein logischer Interpretant ist, abreißt. Die Argumentation, die Peirce in diesem Punkt, vorträgt, wendet sich gegen ein nominalistisches Mißverständnis der Semiotik[82]: »Ich leugne nicht, daß ein Begriff, ein Satz oder ein Argument ein logischer Interpretant sein kann. Ich bestehe nur darauf, daß es nicht der endgültige logische Interpretant sein kann, aufgrund der Tatsache, daß es selbst ein Zeichen genau der Art ist, die selbst einen logischen Interpretanten hat. *Die Verhaltensgewohnheit allein* ist, obwohl sie auf irgendeine andere Weise Zeichen sein kann, kein

Zeichen auf die Weise, auf die jenes Zeichen, von dem sie der Interpretant ist, Zeichen ist. Die Verhaltensgewohnheit verbunden mit dem Motiv und den Umständen hat die *Handlung* zu ihrem energetischen Interpretanten; aber die Handlung kann kein logischer Interpretant sein, weil ihr die Allgemeinheit fehlt[83].« Peirce argumentiert für die Handlung gegen die schlechte Unendlichkeit des logischen Nominalismus. Er argumentiert *als Realist.* Das hat jedoch zur Folge, daß seine Argumentation wider Willen zu einer Selbstbezüglichkeit des Ichbewußtseins zurückfindet.

Das Diktum vom »Gedankenzeichen, das wir selbst sind«[84], wird von Peirce zur Abwehr des Kantischen *Ich denke,* einer Konsistenz des subjektiven, transzendentalen Ichbewußtseins, gebraucht. Nicht das Bewußtsein ist konsistent, sondern das Zeichen, das dem Bewußtsein seine Konsistenz mitteilt: »Konsistenz gehört zu jedem Zeichen, soweit es ein Zeichen ist, und infolgedessen bezeichnet jedes Zeichen — da es in erster Linie bezeichnet, daß es ein Zeichen ist — seine eigene Konsistenz[85].« Es ergibt sich als Folgerung, »daß das Wort oder Zeichen, das der Mensch gebraucht, der Mensch selbst *ist*«[86]. Nun zeigt aber die Analyse des Bezeichnungsaktes, der *Semiose*[87] oder »Aktion eines Zeichens«[88], daß die Ausklammerung einer Konsistenz des Bewußtseins unausweichlich in den Nominalismus führt, bzw. daß Peirce, wenn er am Realismus festhalten will, genötigt ist, auch an der Konsistenz des Bewußtseins festzuhalten. Die Frage nach der »Aktion eines Zeichens« ist *die* Frage, in der anstelle des *Interpretanten* bei Peirce ein *Interpret* auftritt[89]: »Auf jeden Fall nimmt die Aktivität [beim *Habit-taking,* H. T.] nach einigen Präliminarien die Form eines Experimentierens in der Innenwelt an; und die Konklusion (wenn es zu einer definiten Konklusion kommt) besteht darin, daß der Interpret unter bestimmten Bedingungen eine Verhaltensgewohnheit, in bestimmter Weise zu handeln, gebildet haben wird, wann immer er eine bestimmte Art Resultat erstrebt. Die reale und lebendige logische Konklusion *ist* jene Verhaltensgewohnheit; die verbale Formulierung drückt sie nur aus[90].« Damit hat sich jedoch das Fundierungsverhältnis von Mensch oder handelndem Bewußtsein und Wort umgekehrt. Der Grund für eine solche

Umkehrung ist darin zu sehen, daß Peirce seine Semiotik von Anbeginn an unter einer *pragmatischen Maxime realistisch* konzipiert hat und darin nicht nur der voraufgegangenen Reflexionsphilosophie seit Kant, sondern auch einem nominalistischen Verständnis der »Interpretationsgemeinschaft«[91] kritisch gegenübersteht. Es ist die Maxime, das Erkennen pragmatisch, durch seine Auswirkung für das Handeln zu definieren: »Überlege, welche Wirkungen, die denkbarerweise praktische Relevanz haben könnten, wir dem Gegenstand unseres Begriffs in unserer Vorstellung zuschreiben. Dann ist unser Begriff dieser Wirkungen das Ganze unseres Begriffes des Gegenstandes[92].« Nun ist aber ein »Begriff dieser Wirkungen« nur dadurch wirklich zu fassen, daß man die Wirkungen durch eine Reflexion, in der sie sich als ein Handeln darstellen, zusammenhängend begreift. Das hieße indessen wieder nur, daß sich das Erkennen — wie bei Hegel — aus seiner Situations- oder Wirkungsfrage spekulativ hinausreflektiert. Will der Pragmatismus den Irrweg der Reflexions*philosophie* vermeiden, so muß er sich nach einer anderen Form des Begreifens oder der Reflexion umsehen. Er findet sie — im Rückgang auf den Bezeichnungs*akt* der *Semiose* — in einer Reflexionsästhetik[93].

Die Erörterung des Pragmatismus führt auf die Frage nach der Aktualität der Hegelschen *Aesthetik*. Die Reflexionsästhetik, die Peirce nicht näher ausführt, wäre in der Form einer *Darstellungsästhetik* vorzustellen, die das Bezeichnungs*handeln* der Zeichen, *als Handlung ausgeführt*, zu ihrem Inhalt hat. Das ästhetische Zeichen, d. h. die Art der Zeichenrealisation, in der das Zeichen die Bezugsweisen, durch die es ist, als ein Handeln ausführt. Es ist offensichtlich, daß nicht nur die Kunst, die einem solchen Anspruch genügt, für uns bereits Geschichte ist, sondern auch die Ästhetik, die diesen Anspruch systematisch expliziert[94]. Hegel bestimmt das Poetische in seiner *Aesthetik* als eine Darstellung des sprachlichen Bezeichnungshandelns. Das Auszeichnende der Poesie gegenüber anderen Künsten liegt nach seiner Auffassung darin, daß die Poesie, durch keine Beschränkung ihres *Materials* eingeengt, zu ihrer Darbietung allein des lebendigen Menschen, des *sprechenden Individuums* bedarf. Dies gilt zunächst einmal mit Bezug auf das *künstlerische Subjekt* als den hervorbringenden Sprecher des poetischen Kunstwerks: »Fragen wir nun, wo wir, so zu sagen, das *materielle Bestehen* dieser Aeußerungsweise zu suchen haben, so ist das Sprechen nicht wie ein Werk der bildenden Kunst für sich, unabhängig von dem künstlerischen Subjekte, da, sondern der *lebendige Mensch* selber, das sprechende Individuum allein ist der Träger für die sinnliche Gegenwart und Wirklichkeit eines dichterischen Produkts[95].« Es gilt insbesondere aber auch für den Inhalt des Gesprochenen, der, obwohl bestimmt durch die Bezeichnungsart der Rede, bezogen auf den Sprecher, die wesentliche Selbständigkeit eines Dargestellten besitzt. Erzählt, ist der Inhalt »das *Objektive* [...] in seiner Objektivität«[96], geäußert, die subjektive Reflexion »in sich«[97], gehandelt, ein »wirkliches Ausführen innerer Absichten und Zwecke«[98]. Der lebendige Sprecher, der in seinem Sprechen einen bestimmten Anteil an dem Gesprochenen hat, der sich durch sein Sprechen in ein bestimmtes Verhältnis zu sich, zum Gesprochenen und zu seinem Sprechen setzt, gerät in der Poesie unter das Gesetz einer vollständigen Darstellung des Inhalts[99]. Als gesprochener im Drama, dem Bezeichnungshandeln mehrerer, ist dieser Inhalt das vollständig ausgeführte sprachliche Bezeichnungshandeln. Nach Hegel kann die ästhetische Wiedergabe des sprachlichen Bezeichnungshandelns, in der sich als Handlung darstellt, was der Begriff als seine Wirkung zu begreifen sucht, nicht unabhängig von der Wirklichkeit des sprachlichen Bezeichnungshandelns gedacht werden[100]. Die Aktualität der dialektischen Ästhetik ist eine negative Aktualität. Negativ vor allem gegen eine Theorie, die die Selbstbezüglichkeit der Erkenntnis durch eine Selbstbezüglichkeit des Systems ersetzt. An der *Ästhetik* beweist sich das »negative Wesen« der Dialektik zuletzt auch gegen sie selbst[101].

---

1 Freiburger Antrittsvorlesung vom 5. 6. 1973.

2 H. Blumenberg, die Legitimität der Neuzeit, Frankfurt a. M. 1966, S. 35.

3 Th. W. Adorno, Ästhetische Theorie (= Ges. Schr. 7), Frankfurt a. M. 1972.

4 E. Auerbach, Mimesis. Dargestellte Wirklichkeit in der abendländischen Literatur (= Slg Dalp 90), Bern/München 1971. A. Schöne, Säkularisation als sprachbildende Kraft. Studien zur Dichtung deutscher Pfarrersöhne (= Palaestra 226), Göttingen ²1968. G. Kaiser, Pietismus und Patriotismus im literarischen Deutschland. Ein Beitrag zum Problem der Säkularisation (= Wiss. Paperb. Literaturwiss. [22]), Frankfurt a. M. ²1973.

5 W. Emrich, Die Symbolik von Faust II. Sinn und Vorformen, Bonn ²1957, S. 427: »Noch eine weitere, seither kaum beachtete Möglichkeit der Begründung der Geschichte ergibt sich aus dem Gesagten: die analytisch-synthetische Erschließung der ›Tat‹. Es gehört zu einem der großen Versäumnisse des vergangenen Geschichtsdenkens, auch dieser Goetheschen Leistung nicht die ihr gebührende Bedeutung beigemessen zu haben. Ohne eine genaue Ergründung der ›Tat‹ ist weder das Phänomen der Einzigartigkeit des Geschichtlichen noch das der spontanen ›Ganzwerdung‹ des Seins im produktiv geschichtsbildenden bzw. künstlerischen Prozeß zu begreifen. Denn Tat ist zunächst durch die völlige Abwesenheit aller übergreifenden Rettungs- und Sinnbezüge definiert. Tat ist primär Wagnis eines auf sich selbst gestellten Seins. In der ›Tat‹ werden die Grenzen des Daseins nochmals gesetzt, da sie durch keine realen oder religiösen Sicherungen bereits vorgegeben und bewältigt sein dürfen. Der Täter steht vor einem Anfang und einem Ende der Dinge. Der poetische Totalitätsentwurf Goethes ist also gar nicht zu denken ohne das unaufhörlich erneuerte Wagnis der Tat. Der schaffende, ›tätige‹ Dichter steht vor der Welt, als sei weder vor noch nach ihm irgend etwas geschehen und ›spricht das vorhandene ahnungsvoll aus, als wenn es entstünde‹.«

6 Blumenberg, a.a.O., S. 43: »Nicht immer gehen die Fragen den Antworten voraus; es gibt die spontane, aus der Autorität nicht-rationaler Verkündigungen hervorgehende ›Urzeugung‹ der großen, akut wirkenden Behauptungen vom Typus der eschatologischen Naherwartung, der Schöpfungslehre oder der Erbsündendoktrin, die beim Schwund ihrer Glaubwürdigkeit und Geltung, bei der Selbstzersetzung aus ihren inneren Schwierigkeiten nur die ebenso großen Fragen hinterlassen, auf die dann eine neue Antwort fällig wird, wenn und weil es nicht gelingt, die Frage selbst kritisch zu destruieren und am System der Welterklärung Amputationen vorzunehmen.«

7 Sie ist nicht identisch mit der Frage nach der Akkommodation oder Nichtakkomodation Hegels, die seit R. Haym, Hegel und seine Zeit. Vorlesungen über Entstehung und Entwicklung, Wesen und Werth der Hegel'schen Philosophie, Berlin 1857, die historische Hegeldeutung bestimmt; zuletzt J. Ritter, Hegel und die französische Revolution, in: J. R., Metaphysik und Politik. Studien zu Aristoteles und Hegel, Frankfurt a. M. 1969, S. 183—233 und M. Theunissen, Die Verwirklichung der Vernunft. Zur Theorie-Praxis-Diskussion im Anschluß an Hegel, in: Philos. Rundschau, Beih. 6 (1970). Das Akkommodationsproblem ist ein Teilproblem der Situations- und Wirkungsfrage, die im Mittelpunkt einer an Marx anknüpfenden systematischen Erörterung steht. Ebensowenig darf die Frage nach den handlungstheoretischen Grundlagen aber auch durch eine vorgängige Ausklammerung des Handelns, das die Philosophie in ihrem Erkennen ist, eingeschränkt werden. J. Derbolav, Hegels Theorie der Handlung, in Hegel-Stud. 3 (1965) S. 209—223, S. 209. Die Wirkungsfrage — als Frage einer philosophischen Handlungsorientierung — stellt sich dann gar nicht erst.

8 Ökonomisch-philosophische Manuskripte aus dem Jahre 1844, in: K. Marx u. F. Engels, Werke, hg. v. Inst. f. Marxismus-Leninismus b. ZK d. SED, 39 Bde. u. Erg.-Bd. (1 u. 2), Berlin 1965 ff., Erg.-Bd. (1), ²1973, S. 465—588, S. 574:

»Hegel steht auf dem Standpunkt der modernen Nationalökonomen. Er erfaßt die *Arbeit* als das *Wesen,* als das sich bewährende Wesen des Menschen; er sieht nur die positive Seite der Arbeit, nicht ihre negative. Die Arbeit ist das *Fürsichwerden* des *Menschen* innerhalb der *Entäußerung* oder als *entäußerter* Mensch. Die Arbeit, welche Hegel allein kennt und anerkennt, ist die *abstrakt geistige.«* Die Konsequenzen eines dogmatischen Hegelverständnisses vom Standpunkt der Marxschen Interpretation aus zeigen sich am deutlichsten bei G. Lukács, Der junge Hegel. Über die Beziehungen von Dialektik und Ökonomie (= Werke 8), Neuwied/Berlin [3]1967, S. 398—521. Der politische Ansatz Hegels (ebd., S. 407 f.) wird zur »Illusion« des Liberalismus (S. 413 f.), die philosophische Lösung des Handlungsproblems zur »tragischen Teleologie« der bürgerlichen Gesellschaft (S. 497). An Lukács knüpft Metscher an. Th. W. H. Metscher, Hegel und die philosophische Grundlegung der Kunstsoziologie, in: Literaturwissenschaft und Sozialwissenschaften [1]. Grundlagen und Modellanalysen, Stuttgart 1971, S. 13—80, S. 58 f. Vgl. auch R. Wiehl, Über den Handlungsbegriff als Kategorie der Hegelschen Ästhetik, in: Hegel-Stud. 6 (1971) S. 135—170. Zum Begriff der Arbeit bei Hegel vgl. I. Dubsky, Hegels Arbeitsbegriff und die idealistische Dialektik (= Rospravy Ceskoslovenské Akademie Rocnik 71, Sesit 14), Praha, Nakladatelstvi Ceskoslovenské Akademie 1961; B. Lakebrink, Geist und Arbeit im Denken Hegels, in: Philos. Jb. 70 (1962/63) S. 98—108; Sok-Zin Lim, Der Begriff der Arbeit bei Hegel. Versuch einer Interpretation der ›Phänomenologie des Geistes‹ (= Abh. z. Philos., Psychol. u. Pädag. 27) Bonn [2]1966.

9 Erkenntnis und Interesse (= stw 1), Frankfurt a. M. 1973, S. 36—87, S. 77: »Die Synthesis durch Arbeit stellt eine theoretisch-technische, die durch Kampf eine theoretisch-praktische Beziehung zwischen Subjekt und Objekt her. Dort bildet sich Produktionswissen, hier Reflexionswissen. Das einzige Modell, das sich für eine solche Synthesis anbietet, findet sich bei Hegel. Es handelt sich um die Dialektik der Sittlichkeit, die Hegel in den theologischen Jugendschriften, in politischen Schriften der Frankfurter Zeit und in der Jenenser Philosophie des Geistes entfaltet, ins System aber nicht aufgenommen hat.« Beide Auffassungen, die dogmatisch-materialistische und die hermeneutisch-sozialphilosophische, haben — vom Standpunkt der Hegeldeutung aus gesehen — den Nachteil, daß sie in ihrem Hegelverständnis etwas zugrundelegen, das Hegel bei der Ausarbeitung seines Systems gerade nicht zugrundegelegt hat. Vgl. auch J. Habermas, Arbeit und Interaktion. Bemerkungen zu Hegels Jenenser ›Philosophie des Geistes‹, in: J. H., Technik und Wissenschaft als ›Ideologie‹ (= es 287), Frankfurt a. M. [6]1973, S. 9—47.

10 Hegel. Eine Vergegenwärtigung seines Denkens. Komm. z. ›Phänomenologie des Geistes‹, hg. v. I. Fetscher (= stw 97), Frankfurt a. M. 1975, S. 53: »Zwar gibt es keine menschliche Existenz ohne *Bewußtsein* der äußeren Welt. Aber *wahrhaft* menschliche Existenz, die eine *philosophische* Existenz werden kann, setzt auch noch *Selbst*-Bewußtsein voraus. Und *Selbst*-Bewußtsein setzt dieses Selbst voraus, dieses spezifisch menschliche Etwas, das der Mensch offenbart, das sich offenbart, wenn der Mensch: ›ich ...‹ sagt.« Kojève geht in seiner Analyse des Anerkennungsproblems von dem Problem einer Anthropogenese des Selbstbewußtseins aus. Eine Anthropogenese des Selbstbewußtseins liegt nicht nur dem Descartschen *Ich denke* zugrunde, sondern auch dem Kampf um Anerkennung, von dem das soziale Verhältnis der Arbeit und der Rede nur ein Teil ist. Das Selbstbewußtsein »ist nur als ein Anerkanntes« (Phänomenologie des Geistes, in: G. W. F. Hegel, Sämtliche Werke, Jubiläumsausg. in 20 Bdn., hg. v. H. Glockner, Stuttgart/Bad Cannstatt [4]1961—1968, Bd. 2, 1964, S. 148). Kojève deutet aus diesem Faktum sowohl die Vermittlung durch Arbeit als auch die Offenbarung durch Rede. Zur Vermittlung durch Arbeit vgl. a.a.O., S. 57 f.:

»Um menschlich zu sein, muß der Mensch darauf ausgehen, sich nicht ein *Ding* zu unterwerfen, sondern eine andere *Begierde* (nach dem Dinge). Dem Menschen, der menschlich ein Ding begehrt, ist es nicht so sehr um das *Ding* zu tun, als vielmehr um die Anerkennung seines (wie es später heißt) *Rechtes* auf dieses Ding, um seine Anerkennung als *Besitzer* des Dinges. Und das letzten Endes, weil er die Anerkennung seiner *Überlegenheit* über den andern durch diesen andern erstrebt. Nur die Begierde nach einer solchen *Anerkennung,* nur das aus einer solchen Begierde sich ergebende Tun schafft, verwirklicht und offenbart ein *menschliches,* nicht-biologisches Selbst.«

11 Phänomenologie, a.a.O., S. 250.

12 Ebd., S. 242.

13 Ebd., S. 361.

14 Ebd., S. 502.

15 Ebd., S. 503: »[...] diese absolute *Gewißheit,* in welche sich die Substanz aufgelöst hat, ist die absolute *Unwahrheit,* die in sich zusammenfällt; es ist das absolute *Selbstbewußtseyn,* in dem das *Bewußtseyn* versinkt.«

16 Ebd., S. 361: »Dieß Anerkennen drückt den aufgehobenen Zwiespalt des sittlichen *Zweckes* und der *Wirklichkeit,* es drückt die Rückkehr zur sittlichen *Gesinnung* aus, die weiß, daß nichts gilt, als das Rechte. Damit aber giebt das Handelnde seinen *Charakter* und die *Wirklichkeit* seines Selbst auf, und ist zu Grunde gegangen. Sein *Seyn* ist dieses, seinem sittlichen Gesetze als seiner Substanz anzugehören; in dem Anerkennen des Entgegengesetzten hat dieß aber aufgehört, ihm Substanz zu seyn; und statt seiner Wirklichkeit hat es die Unwirklichkeit, die Gesinnung, erreicht.«

17 Ebd., S. 514. Vgl. Kojève, a.a.O., S. 76 f., der zwar in seinem politischen Verständnis des *Kampfes* um Anerkennung das Moment einer notwendigen Vereinzelung beachtet, dadurch, daß er die Dialektik phänomenologisch auffaßt, diese Vereinzelung aber auf dem Stand einer Vielzahl von einzelnen festhält: »Von Anfang an sucht der Mensch Anerkennung. Er begnügt sich nicht damit, sich selbst einen Wert beizumessen, sondern will, daß dieser *einzelne* Wert, dieser *sein* Wert, von *allen, allgemein* anerkannt werde. Anders ausgedrückt: Der Mensch kann nur wahrhaft ›befriedigt‹ werden, die Geschichte kann nur zum Stillstand kommen in der und durch die Bildung einer Gesellschaft, eines Staates, in dem der ganz einzelne, persönliche, individuelle Wert eines jeden als solcher, in eben seiner Einzelheit, durch *alle,* durch die im Staat als solchem inkarnierte Allgemeinheit anerkannt wird, und in dem der allgemeine Wert des Staates durch den Einzelnen als Einzelnen, durch *alle* Einzelnen anerkannt und verwirklicht wird.« Hegel schreitet zur »absolut in sich seyenden Einzelnheit« fort, deren Tat dieses Allgemeine ist. Der »Gegensatz der Einzelnheit gegen die andern Einzelnen« bringt nur den allgemeinen Gegensatz gegen das Allgemeine hervor, das somit abstrakt und ungetan bleibt: »[...] die Sprache, in der sich alle gegenseitig als gewissenhaft handelnd anerkennen, diese allgemeine Gleichheit zerfällt in die Ungleichheit des einzelnen Fürsichseyns, jedes Bewußtseyn ist aus seiner Allgemeinheit eben so schlechthin in sich reflektirt; hierdurch tritt der Gegensatz der Einzelnheit gegen die andern Einzelnen und gegen das Allgemeine nothwendig ein« (Phänomenologie, a.a.O., S. 505). Die »Pflicht« einer solchen Allgemeinheit des Vielen »liegt nur in den Worten« (ebd., S. 505).

18 Phänomenologie, a.a.O., S. 513. Sie stellt sich dem philosophischen Erkennen als dieses Allgemeine dar. Darin und nicht in dem methodischen Unterschied zwischen beschreibender und dialogischer Rede ist es begründet, daß die philosophische Rede anerkennt, indem sie erkennt. Vgl. Kojève, a.a.O., S. 150 f.: »Von Sokrates-Plato bis zu Hegel war die Dialektik nur eine philosophische Methode

ohne Gegenstück im Wirklichen. Bei Hegel gibt es eine Realdialektik, aber die philosophische Methode ist die einer einfachen, bloßen Beschreibung, die lediglich insofern Dialektik ist, als sie eine Dialektik der Wirklichkeit beschreibt.« Zum Darstellungsproblem der philosophischen Rede bei Hegel vgl. W. Marx, Absolute Reflexion und Sprache, in: Natur und Geschichte. K. Löwith z. 70. Geb., Stuttgart/Berlin/Köln/Mainz 1967, S. 237—256.

19 Phänomenologie, a.a.O., S. 155 u. 148. Der Streit zwischen marxistischer und hermeneutischer Interpretation geht um den Sinn einer sozialen Erfahrung an dieser Stelle. Indem das Selbstbewußtsein »nur als ein Anerkanntes« ist (ebd., S. 148), scheint es zu seiner Ermöglichung ein soziales Verhältnis vorauszusetzen: entweder im Sinn der Hervorgebrachtheit durch Arbeit (vgl. oben Anm. 8) oder aber im Sinn der Vermittlung durch Sprache (H.-G. Gadamer, Wahrheit und Methode. Grundzüge einer philosophischen Hermeneutik, Tübingen [2]1965, S. 341 f.). Habermas' Begriff einer *Dialektik der Sittlichkeit* (vgl. oben Anm. 9) folgt im wesentlichen der Interpretation Gadamers.

20 Lukács, a.a.O., S. 404, sieht hierin die Leistung des jungen Hegel und die Wahrheit, die ihn mit Marx verbindet. Eine direkte Anwendung dieses Ansatzes auf die paradigmatische Wiederherstellungsfunktion der Kunst versucht H. H. Holz, Herr und Knecht bei Leibniz und Hegel (= Soziol. Essays), Neuwied/Berlin 1968, S. 59 f.

21 Phänomenologie, a.a.O., S. 311. Vgl. Kojève, a.a.O., S. 191 u. ö.; M. Marcuse, Hegels Ontologie und die Grundlegung einer Theorie der Geschichtlichkeit, Frankfurt a. M. 1932, S. 320 f. — Auf das gleiche Ergebnis führen die Verhältnisse in der Rechtsphilosophie. Hegel ist kein Vertreter des Liberalismus, sondern er sieht die Instabilität eines durch Arbeit hervorgebrachten *Systems der Bedürfnisse,* das ein System der *praktischen Bildung,* des *sich erzeugenden Bedürfnisses* ist (Grundlinien der Philosophie des Rechts, a.a.O., Bd. 7, 1964, S. 270—328, S. 277). Um funktionsfähig zu sein, kann es sich nicht auf eine gleichsam natürliche Selbstregulierung verlassen (ebd., S. 271), die eine Regulierung durch wechselseitige Abhängigkeit (S. 273) nach dem Prinzip des Eigennutzes wäre (S. 263 u. ö.), sondern es muß über bestimmte Formen der gegenseitigen persönlichen Anerkennung politisch durch ein Handeln der Induvidualität garantiert werden (S. 223, 324 u. ö.). Das System der Bedürfnisse, der wechselseitigen Abhängigkeit und der Arbeit ist zwar die praktische Bedingung für die Möglichkeit einer Anerkennung der Individualität in ihrer Einzelheit (CS. 223). Für sich genommen, mündet die Selbsthervorbringung durch Arbeit jedoch in ein ökonomisches Paradox (S. 319), das sich — nach Hegel — nur auf dem Weg eines politischen und rechtlichen Anerkennungshandelns lösen läßt (S. 323 ff.). Die bürgerliche Gesellschaft bringt notwendig aus sich das Problem des Staates, der »Wirklichkeit« eines »substantiellen *Willens*« aller, der »absoluter unbewegter Selbstzweck« wäre, hervor (ebd., S. 328 f.).

22 Marx, Ökonomisch-philosophische Manuskripte, a.a.O., S. 574.

23 Nach Marx ist die soziale Hervorbringung sich selbst betätigender »totaler[n]« Individuen Ziel der Geschichte: »Erst auf dieser Stufe fällt die Selbstbetätigung mit dem materiellen Leben zusammen, was der Entwicklung zu totalen Individuen und der Abstreifung aller Naturwüchsigkeit entspricht, und dann entspricht sich die Verwandlung der Arbeit in Selbstbetätigung und die Verwandlung des bisherigen bedingten Verkehrs in den Verkehr der Individuen als solcher.« (Die deutsche Ideologie, MEW, a.a.O., Bd. 3, [4]1969, S. 9—543, S. 68)

24 Dies schließt — streng genommen — die Aufhebung nicht nur der Arbeit oder des Herstellungshandelns, sondern der sozialen Situation überhaupt durch die

Selbstbetätigung der Individualität ein. Eine Selbstbetätigung, die dies vermöchte, ist notwendig negativ: Betätigung des *negativen Wesens* der Individualität. Zum Individualismus der Rechts- und Staatsauffassung Hegels vgl. Ritter, a.a.O., S. 209 u. ö. Anders J. Rollwage, Das Modalproblem und die historische Handlung. Ein Vergleich zwischen Aristoteles und Hegel (= Epimeleia 14), München/Salzburg 1969, S. 186 ff.

25 Habermas geht — wie Kojève — von einem Dialogbegriff der Dialektik aus, nur daß er diesen — im Unterschied zur phänomenologischen Auffassung bei Kojève — nicht einem Beschreibungsbegriff der philosophischen Rede entgegensetzt, sondern — im Rückgriff auf die Jenenser *Philosophie des Geistes* — als das Wesen der Hegelschen Dialektik denkt. Kojève, a.a.O., S. 150: »Hegel braucht keinen Gott, der ihm die Wahrheit ›offenbart‹, und um sie zu finden, braucht er weder mit ›den Menschen im Gemeinwesen‹ zu dialogisieren noch auch mit sich selbst zu ›diskutieren‹ oder in der Weise Descartes' zu ›meditieren‹. (Übrigens kann keine nur verbale Diskussion, keine einsame Meditation zur Wahrheit führen; die einzigen ›Wahrheitskriterien‹ sind Kampf und Arbeit.) Er kann sie ganz alleine finden, wenn er sich ruhig in den Schatten eines jener ›Bäume‹ setzt, die den Sokrates nichts lehrten, ihn aber viel über sie selbst und die Menschen lehren. Doch all das ist nur möglich, weil es Gemeinwesen *gegeben hat,* in denen die Menschen auf einem Hintergrund von Kampf und Arbeit diskutierten, indem sie für ihre Meinungen und auf Grund ihrer arbeiteten und kämpften (— Gemeinwesen, Stadtstaaten, die übrigens von denselben Bäumen umgeben waren, deren Holz zu ihrer Erbauung diente). Hegel diskutiert nicht mehr, weil ihm die Diskussion seiner Vorgänger zugute kommt.« Habermas reklamiert für Hegel einen Dialogbegriff der Dialektik, wodurch die philosophische Rede in die Geschichte des Denkens und Handelns zurückgeholt wird, von der sie sich nach Kojève, um zu einer Erkenntnis des Wirklichen zu kommen, abgelöst hat. Der Dialogbegriff der Dialektik richtet sich — bei Habermas wie bei Kojève — zugleich gegen Marx: »Die Dialektik des Klassenantagonismus ist, anders als die Synthesis durch gesellschaftliche Arbeit, eine Bewegung der Reflexion. Denn das dialogische Verhältnis der komplementären Vereinigung entgegengesetzter Subjekte, die wiederhergestellte Sittlichkeit, ist ein Verhältnis der *Logik* und der *Lebenspraxis* in einem. Das zeigt sich in der Dialektik des sittlichen Verhältnisses, das Hegel unter dem Titel des *Kampfes um Anerkennung* entfaltet. Darin ist die Unterdrückung und die Erneuerung der Dialogsituation als eines sittlichen Verhältnisses rekonstruiert.« (Erkenntnis und Interesse, a.a.O., S. 81) Es ist jedoch festzuhalten — gegenüber Habermas wie Marx —, daß Hegel nicht die Individualität vermittelt durch ein soziales Verhältnis vermittelbar durch die Individualität denkt. Dies schließt freilich ein, daß seine Dialektik, gerade auch wenn sie eine Dialektik zugleich der philosophischen Rede bleibt, wie die Dialektik bei Marx, keine dialogische, sondern eine monologische Dialektik ist.

26 a.a.O., S. 300.

27 Genau besehen ist der Gegensatz der Hegelschen Dialektik zu ihrer Auslegung durch Habermas und Kojève nicht nur ein methodologischer — zur phänomenologischen (Kojève, a.a.O., S. 134 ff.) oder hermeneutischen (Habermas, Erkenntnis und Interesse, a.a.O., S. 262 ff.) Auffassung der philosophischen Rede —, sondern zugleich auch ein inhaltlicher: der Gegensatz zwischen Erfahrungs- und Handlungsbegriff der Erkenntnis. Noch die Anerkennung in der *Dialektik der Sittlichkeit* ist bei Habermas ein *Erfahren des gemeinsamen Grundes:* »Dann erkennen beide Parteien ihre verhärtete Stellung gegeneinander als das Resultat der Loslösung, der Abstraktion von ihrem gemeinsamen Lebenszusammenhang — und in ihm, dem dialogischen Verhältnis des Sich Erkennens im

Anderen, erfahren sie den gemeinsamen Grund ihrer Existenz.« (ebd., S. 78) Die Aufhebung der sozialen Situation in dem Begriff der sich selbst betätigenden Individualität ist — bei Hegel wie bei Marx — die Bedingung eines Handlungsbegriffs der Erkenntnis. Marx denkt dies Handeln hervorbringbar durch die Produktion, Hegel die Produktion durch dieses Handeln vermittelt.

28 Wissenschaft der Logik I u. II, a.a.O., Bd. 4 u. 5, 1964—1965, II, S. 220. Die Frage nach dem Begründenden in der Hegelschen Dialektik führt von der »Bewegung der Anerkennung« über die »Bewegung der Individualität« auf die »Bewegung des Zwecks« in der Logik.

29 a.a.O., S. 13. Vgl. auch Vorlesungen über die Philosophie der Geschichte, a.a.O., Bd. 11, 1961, S. 50.

30 Kritik der Urteilskraft (1793), in: I. Kant, Werke, hg. v. E. Cassirer, 11 Bde., Berlin 1912—1918, Bd. 5, 1914, S. 233—568, S. 239—267.

31 Aristoteles, Nikomachische Ethik, Buch I, Kap. 1; in der Übers. von F. Dirlmeier (= RUB 8586-90), Stuttgart 1971, S. 5 ff.

32 Ebd., Buch VI, Kap. 2, S. 153 ff.

33 Ebd., Buch III, Kap. 4 u. 5, S. 59 ff.

34 Teleologisches Denken, Berlin 1951, S. 68.

35 a.a.O., S. 252 f.

36 Zum argumentativen Sinn der Teleologie vgl. neben Kant, a.a.O., S. 431—568 und Schiller, Über die ästhetische Erziehung des Menschen in einer Reihe von Briefen, in: F. Schiller, Sämtliche Werke, hg. v. G. Fricke u. H. G. Göpfert, 5 Bde., München ^{3}1962, Bd. 5, S. 570—669, S. 634—645 (21.—23. Brief) auch Schelling, System des transscendentalen Idealismus (1800), in: F. W. J. von Schelling, hg. v. M. Schröter, 6 Hpt-Bde., München 1927—1928, Bd. 2, 1927, S. 367—634, S. 532 ff.

37 Kritik der Urteilskraft, a.a.O., S. 534.

38 a.a.O., S. 513—629.

39 Ebd., S. 601 f.

40 Vgl. dagegen Rollwage, a.a.O., S. 102—185.

41 Hierzu und im folgenden vgl. D. Gutterer, Der Begriff des Zwecks (mit besonderer Berücksichtigung Kants und Hegels), Diss. Frankfurt a. M. 1968.

42 Logik II, a.a.O., S. 217.

43 Ebd., S. 216.

44 Ebd., S. 231.

45 Ebd., S. 229.

46 Ebd., S. 325 f.

47 Ebd., S. 225.

48 Vgl. dagegen M. Riedel, Theorie und Praxis im Denken Hegels. Interpretationen zu den Grundstellungen der neuzeitlichen Subjektivität, Stuttgart/Berlin/Köln/Mainz 1965, S. 46—72.

49 Logik II, a.a.O., S. 326.

50 Ebd., S. 231.

51 Kojève, a.a.O., S. 150: »Kurz, Hegel braucht keine dialektische *Methode,* weil die Wahrheit, die er verkörpert, das letzte Ergebnis der realen oder aktiven Dialektik der Weltgeschichte ist, die sein Denken durch seine Rede zu reproduzieren sich begnügt.« Man kann sich fragen, ob die Dialektik, die Kojève abgelöst von der Rede des Philosophen als Realdialektik in der Geschichte denkt, noch eine

erkennbare Dialektik ist. Abgelöst von der Rede des Philosophen, wird sie zu einem theoretischen Glaubensgrundsatz. Umgekehrt ist die Dialektik, die Habermas als dialogische Dialektik *in* der Rede des Philosophen denkt, abgelöst von der Geschichte, keine *erkennende* Dialektik mehr. *Kontrafaktisch* der Bewegung des Wirklichen entgegengesetzt (J. Habermas, Vorbereitende Bemerkungen zu einer Theorie der kommunikativen Kompetenz, in: J. H. u. N. Luhmann, Theorie der Gesellschaft oder Sozialtechnologie — Was leistet die Systemforschung? (= Theorie-Diskussion), Frankfurt a. M. 1971, S. 101—141, S. 140 u. ö.), wird sie zu einem Grundsatz des Verhaltens. Beidemal handelt es sich um die Folgen eines konsequenten Methodologismus, in dem sich die Einheit von Theorie und Praxis auflöst. Zu Habermas vgl. Erkenntnis und Interesse, a.a.O., S. 262; zu Kojève a.a.O., S. 134—216, S. 136.

52 Marx, Ökonomisch-philosophische Manuskripte, a.a.O., S. 575.

53 L. Althusser u. E. Balibar, Das Kapital lesen I u. II, aus d. Frz. übers. v. K.-D. Thieme (= rde 336 u. 337), Reinbek 1972.

54 Zweckbegriff und Systemrationalität. Über die Funktion von Zwecken in sozialen Systemen (= Soz. Forsch. u. Praxis 25), Tübingen 1968.

55 Schriften I u. II, aus d. Amerik. übers. v. G. Wartenberg, hg. v. K.-O. Apel (= Theorie 1), Frankfurt a. M. 1967—1970.

56 Althusser, a.a.O., S. 157—193.

57 N. Luhmann, Moderne Systemtheorien als Form gesamtgesellschaftlicher Analyse, in: J. Habermas u. N. L., Theorie der Gesellschaft, a.a.O., S. 7—24, S. 21.

58 Peirce, a.a.O., II, S. 329—336 (Aus den Pragmatismus-Vorlesungen); I, S. 157—183.

59 Einführung: Der philosophische Hintergrund der Entstehung des Pragmatismus bei Charles Sanders Peirce, in: Peirce, Schriften, a.a.O., I, S. 13—153 und Einführung: Peirces Denkweg vom Pragmatismus zum Pragmatizismus, ebd., II, S. 11—211.

60 Erkenntnis und Interesse, a.a.O., S. 116—178.

61 Aesthetica. Einführung in die neue Aesthetik, Baden-Baden 1965.

62 Der Hermeneutiker Peirce — in der Sicht Apels — erscheint als Theoretiker einer kommunikativen, interagierenden »Interpretationsgemeinschaft«, die sich ohne wesentliche Widerstände in einen *humanistischen Pragmatismus* überführen läßt (a.a.O., II, S. 209). Der Wissenschaftstheoretiker Peirce — in der Sicht von Habermas — gilt umgekehrt als Vertreter eines instrumentellen, monologisch-operationalen Handelns, das die Möglichkeit und Notwendigkeit eines humanistischen Pragmatismus gerade außer acht läßt (Erkenntnis und Interesse, a.a.O., S. 155 u. ö.). Der Semiotiker Peirce — in der Sicht Benses — verbindet Operationalität und Humanität in der Ästhetik des Zeichens, jedoch um den Preis, daß die Realität solch einer Verbindung nicht mehr primär sprachlich dialogisch-aktuell, sondern operativ, in den Grenzen des Zeichenhandelns, gedacht wird; die *ästhetische Kommunikation* wird zu einem Moment am Zeichen, statt daß das ästhetische Zeichen als ein Moment der Kommunikation aufzufassen wäre (a.a.O., S. 208 ff.).

63 a.a.O., II, S. 299—388.

64 Ebd., S. 345. Die Nähe dieses Kategorienschemas zu Hegels Dreiheit wird von Peirce S. 327 ff. erörtert.

65 Ebd., S. 345.

66 Ebd., S. 345. Die Terminologie schwankt, je nachdem, ob der erkenntnistheoretische oder der handlungstheoretische Aspekt in der Beschreibung vorherrscht. Vor

allem bei der zweiten Kategorie. Erkenntnistheoretisch den Kategorien der »Erstheit« und der »Drittheit« gegenübergestellt, erscheint sie als Kategorie der »Reaktion«, als der *Repulse* der *brute facts:* »Die Kategorie ›Das Erste‹ ⟨the First⟩ ist die Idee dessen, was so ist, wie es ist, ungeachtet alles anderen. D. h. es ist eine Gefühls*qualität.* Die Kategorie ›Das Zweite‹ ⟨the Second⟩ ist die Idee dessen, was so ist, wie es ist, als das Zweite im Hinblick auf ein Erstes, ungeachtet alles anderen, und insbesondere ungeachtet jeden *Gesetzes,* obwohl es einem Gesetz entsprechen mag. D. h. es ist *Reaktion* als ein Element des Phänomens.« (ebd., S. 320) Handlungstheoretisch, in der Bedeutung als normative Wissenschaft, den Kategorien der »Erstheit« und der »Drittheit« gegenübergestellt, erscheint die »Zweitheit« als Kategorie der »Relation«, des Beziehens der Phänomene auf Zwecke: »Die Phänomenologie handelt von den universalen Qualitäten der Phänomene in ihrem unmittelbaren phänomenalen Charakter, also von den Phänomenen für sich als Phänomene genommen. Sie handelt somit von den Phänomenen in ihrer Erstheit. Die normative Wissenschaft handelt von den Gesetzen der Relation der Phänomene auf Zwecke hin; d. h. sie handelt von den Phänomenen in ihrer Zweitheit. Die Metaphysik handelt von den Phänomenen in ihrer Drittheit, wie ich eben bemerkt habe.« (ebd., S. 346) Die Kategorie der »Drittheit« ist eine Kategorie der »Vermittlung« unter semiotischem Aspekt, als Kategorie der Repräsentation. »Nun ist die Drittheit nichts als der Charakter eines Objektes, der Zwischenheit oder Vermittlung in seiner einfachsten und rudimentärsten Form verkörpert; und ich gebrauche sie als den Namen jenes Elementes des Phänomens, das immer da vorherrschend ist, wo Vermittlung vorherrscht, und das erst in der Repräsentation voll zur Geltung kommt.« (ebd., S. 342)

67 Zum Begründungsverhältnis von Logik und Phänomenologie vgl. Apel, ebd., S. 74 f; zum Verhältnis von »semiotischer ›Logik der Erkenntnis‹« und »Mathematik der Logik« ebd., S. 75 ff.; zum Verhältnis von »Reaktion« und Relation in diesem Zusammenhang vgl. Peirce, ebd., S. 329 ff.; zum argumentativen, handlungstheoretischen Sinn des Normativen im Verständnis der Logik ebd., S. 347 ff.

68 Apel, ebd., S. 115 ff.

69 Ebd., S. 141. Zum erkenntnistheoretischen Realismus dieser Rückkoppelung vgl. die Polemik gegen den Idealismus, Peirce, ebd., S. 327 f. u. ö.

70 Ebd., S. 344 f. Hierzu und im folgenden vgl. Apel, ebd., S. 32 ff.

71 Peirce' Realismus wendet sich vor allem auch gegen den Kritizismus Kants, dessen Theorem von der Unerkennbarkeit des *Dinges an sich* durch eine realistische Umdeutung der Semiotik widerlegt werden soll. Peirce, ebd., I, S. 184—231, S. 220. Die realistische Umdeutung der Semiotik ist eine Umdeutung des *medium quod*-Begriffs der Erkenntnis in einen *medium quo*-Begriff. Apel, ebd., S. 47 ff.

72 Peirce, ebd., II, S. 349.

73 Ebd., S. 348.

74 Ebd., S. 351. Zur *indefinite Community* vgl. ebd., I, S. 220 ff., 245 ff. u. 257 ff.

75 Vgl. oben Anm. 36.

76 Apel, a.a.O., I, S. 46.

77 Peirce, ebd., II, S. 344. Zur semiotischen Herleitung der Kategorien vgl. ebd., I, S. 198 ff. Zum Zusammenhang von semiotischer und relationslogischer Herleitung vgl. Apel, ebd., I, S. 74 ff.

78 Vgl. Apel, ebd., II, S. 100 ff.

79 Peirce, ebd., S. 470.

80 Ebd., S. 489; vgl. Apel, ebd., S. 140.

81 Peirce, ebd., I, S. 187 f.

82 Vgl. dagegen Apel, ebd., S. 94, der in der Abgrenzung vom Behaviorismus allein die Beibehaltung eines logischen Interpretanten betont.

83 Peirce, ebd., II, S. 489 (Hervorhebung von H. T.). Die Schwierigkeit, die an dieser Stelle auftritt, scheint vermeidbar zu sein, wenn man den Pragmatismus Peirce' in der Semiotik, die Semiotik aber, um ihren Realismus zu retten, in einer Sprachtheorie aufgehen läßt. Nun verwendet Peirce zwar zur Verdeutlichung seiner Semiotik wiederholt das Beispiel einer sprachlichen Bezeichnung (ebd., I, S. 222 ff. u. ö.); dem Versuch, daraus für oder gegen Peirce eine sprachtheoretische Begründung der Semiotik herzuleiten (Apel, ebd., II, S. 83 ff.; Habermas, Erkenntnis und Interesse, a.a.O., S. 130 ff.), widerspricht jedoch der Pansemiotismus Peirce', der vielmehr das Sprachzeichen als eine spezielle Art von Zeichen neben anderen Zeichen zu denken nötigt. Vor allem widerspricht dem aber der Pragmatismus des Realisten Peirce. Er hindert schließlich auch, daß man, wie Apel (a.a.O., II, S. 32 ff.), die ästhetische Legitimation, die eine durch Handeln hervorgebrachte Legitimation ist, über die Kategorie der Erstheit oder der Qualität, zu der das Ästhetische als »Ausdruck« gehört (ebd., S. 46 f.), in der Phänomenologie aufgehoben und die normative Wissenschaft damit erfahrungstheoretisch begründet denkt.

84 Peirce, ebd., I, S. 199.

85 Ebd., S. 222 f.

86 Ebd., S. 223.

87 Ebd., II, S. 482.

88 Ebd., S. 470.

89 Im nominalistischen Peirce-Verständnis bleibt dieser *Interpret* allerdings ein »auf subjektive Kommunikation in der Gemeinschaft angewiesenes *Vollzugsorgan* der triadischen Interpretationsfunktion« (Apel, ebd., II, S. 92; Hervorhebung von H. T.). Eine Möglichkeit, *Subjekt zu werden*, schlösse die Notwendigkeit des Übertritts zu einer Reflexion in sich ein, von der Selbstbezüglichkeit des Systems auf sich zu der Selbstbezüglichkeit eines einzelnen Handelns auf sich, d. h. aber den Übertritt in die Reflexionsphilosophie.

90 Ebd., S. 489.

91 Ebd., I, S. 293—325, S. 307; vgl. auch S. 260 u. 262; Apel, ebd., S. 130 f.

92 Peirce, ebd., S. 339.

93 In diesem Punkt trifft der Peircesche Pragmatismus mit der Entwicklung der nachhegelschen Philosophie sowohl in der erfahrungstheoretischen Linie einer Vollendung der Phänomenologie als auch in der handlungstheoretischen Linie einer Auflösung der durch Marx pragmatisch gefaßten Dialektik zusammen: mit der Kunstphilosophie Heideggers, Benjamins und Adornos.

94 Eine ausführliche Auseinandersetzung mit der Ästhetik Benses, die zuerst diesen Aspekt der Hegelschen Ästhetik herauskehrte (a.a.O., S. 196—203 u. ö.), durch ihre Anknüpfung an Morris — statt an Peirce — jedoch die pragmatische Obligation einer semiotischen Ästhetik, durch Handlung darstellend zu sein, ebenso übersieht wie die Bedingung der Sprachlichkeit, unter der eine solche Obligation allein vollständig einlösbar wäre, kann in diesem Zusammenhang nicht geleistet werden. Die Ausführung bleibt einer Untersuchung zur Theorie des Redehandelns in der Hegelschen Ästhetik vorbehalten. Eine solche Untersuchung hätte sich vor allem mit der Frage nach der Entstehung, Festschreibung und Veränderung kommunikativer Zeichen zu befassen.

95 Hegel, Vorlesungen über die Aesthetik I—III, a.a.O., Bd. 12—14, 1964, III, S. 320.

96 Ebd., S. 322.

97 Ebd., S. 419 ff.

98 Ebd., S. 483.

99 Ebd., I, S. 297.

100 Historisch und systematisch geht die poetische Darstellung einer Handlung als Handlung durch Handlung notwendig in die *Prosa* entweder der philosophischen, spekulativ darstellenden (ebd., S. 243 f.) oder aber der pragmatischen, situations- und zweckgebundenen Rede über, bzw. sie zersetzt sich in die Prosa einer abstrakt durchrationalisierten Bezeichnungswirklichkeit. Auch wenn man die Systematik eines solchen geschichtlichen Übergehen-Müssens nicht teilt, bleibt zu fragen, ob die gegenwärtige Bezeichnungswirklichkeit ermöglicht, was der Pragmatismus von der Kunst als *Argument* verlangt.

101 Adorno, a.a.O., S. 506 ff.

Das politische Drama des **Danton**
Geschichte einer Rezeption

Methodische Vorbemerkung — Politische oder soziale Revolution. Die Weltanschauungskrise des Danton *— Geschichte als die Geschichte einer Rezeption. Der ›sprachliche Realismus‹ Büchners — Literarische Kommunikation. Philologische Kritik eines unhistorischen Verhältnisses*

Methodische Vorbemerkung

Die Rezeptions- oder Wirkungsgeschichte poetischer Texte steht vor der Schwierigkeit, weder die philologische Situation in ein historisches Verhältnis[1] noch das historische Verhältnis in eine philologische Situation auflösen zu können[2]. Als *Applikation*[3] oder *Konkretisation*[4] ist das Verstehen, auch wenn es dem Text als seine Wirkung zugerechnet wird[5], eine Handlung des Lesers. Als *Ereignis* des *Horizontwandels*[6] oder *Einrücken in ein Überlieferungsgeschehen*[7] ist diese Handlung eine Wirkung des Textes. Die Rezeptionsästhetik definiert das Werk als die »Totalität« seiner Verwirklichung durch den Leser[8]. Sie unterscheidet sich dadurch von der Wirkungsästhetik, die die Totalität einer Verwirklichung des Lesers durch den Text ermöglicht denkt[9]. Der folgende Beitrag ist eine Untersuchung zur Rezeptionsgeschichte des *Danton*. Er interpretiert die Ästhetisierung eines historischen Ereignisses, auf das sich der Text durch eine *ursprüngliche Negativität*[10] bezieht. Was wäre die Negation dieser Negativität, durch die sich der Leser wiederum auf das Ereignis bezöge[11]?

Politische oder soziale Revolution. Die Weltanschauungskrise des Danton

Der Gesichtspunkt, unter dem eine Rezeptionskritik des Büchnerschen *Danton* anzusetzen hätte, ist der Gesichtspunkt einer Erkenntnis durch Darstellung. Über seine politische Abwendung von dem historischen Vorbild der Revolution schreibt Büchner im März 1834 an seine Braut: »Ich studirte die Geschichte der Revolution. Ich fühle mich wie zernichtet unter dem gräßlichen Fatalismus der Geschichte. Ich finde in der Menschennatur eine entsetzliche Gleichheit, in den menschlichen Verhältnissen eine unabwendbare Gewalt, Allen und Keinem verleihen. Der Einzelne nur Schaum auf der Welle, die Größe ein bloßer Zufall, die Herrschaft des Genies ein Puppenspiel, ein lächerliches Ringen gegen ein ehernes Gesetz, es zu erkennen das Höchste, es zu beherrschen unmöglich. Es fällt mir nicht mehr ein, vor den Paradegäulen und Eckstehern der Geschichte mich zu bücken. Ich gewöhnte mein Auge ans Blut. Aber ich bin kein Guillotinenmesser. Das *muß* ist eins von den Verdammungsworten, womit der Mensch getauft worden. Der Ausspruch: es muß ja Aergerniß kommen, aber wehe dem, durch den es kommt, — ist schauderhaft. Was ist das, was in uns lügt, mordet, stiehlt? Ich mag dem Gedanken nicht weiter nachgehen.« (II, 425 f.) Büchner ist dem Gedanken weiter nachgegangen. Man kann die dramatische Darstellung der Französischen Revolution als den Versuch einer Erkenntnis der Revolution auffassen. Der Dichter erkennt dadurch, daß er darstellt. Die Mittel, durch die er darstellt, Gedanke, Charakter, Szenerie und Rede, sind Mittel seiner Erkenntnis. Der Text ist das Ganze einer Erkenntnis der Revolution. Die Erkenntnis bestimmt sich in ihm durch die Mittel der Darstellung. Sie nimmt die Form eines geschichtlichen Hervorgangs, einer *Krise* an. In diesem Sinne interpretiert G. Lukács den *Danton* aus der Einheit einer *Weltanschauungskrise:* »Die dramatisch-tragische Zentralstellung Dantons hängt damit zusammen, daß Büchner mit einer außerordentlichen dichterischen Tiefe nicht nur die politisch soziale Krise der revolutionären Bestrebungen des 18. Jahrhunderts am

Wendepunkt der Französischen Revolution gestaltet, sondern zugleich, mit dieser Frage untrennbar verbunden, die *Weltanschauungskrise* dieses Übergangs, die Krise des alten mechanischen Materialismus als Weltanschauung der bürgerlichen Revolution[12].« Lukács, dessen Interpretation in diesem Punkt maßgeblich durch Hegel beeinflußt ist, versteht die Einheit des *Danton* jedoch nur bedingt objektiv-dialektisch. Einerseits gilt für sie, daß sie das Ganze der sich entscheidenden dramatisch-tragischen Kollision ist. »Büchner zeigt sich hier als geborener Dramatiker, indem er den großen gesellschaftlichen Widerspruch, der auch als unlösbarer Widerspruch in seinen eigenen Gefühlen und Gedanken lebt, in zwei historischen Gestalten — jede mit ihrer notwendigen Größe und mit ihrer notwendigen Borniertheit — verkörpert[13].« Andererseits gilt für den historischen und für den poetischen Danton, daß die dialektisch eingesehene Entscheidung durch ein politisch fortgeschrittenes Handeln widerlegbar ist. Robespierre und nicht Danton ist Repräsentant der sozialen, proletarischen Revolution. Lukács sieht zwar den Rousseauschen Idealismus in der Haltung des Büchnerschen Robespierre — »Robespierre und Saint-Just haben *demgegenüber*, da sie die plebejische Revolution wollen, einen Maßstab des Handelns; freilich auf Grund einer Ablehnung des philosophischen Materialismus, auf Grund eines Rousseauschen Idealismus, den Danton — an sich, abgetrennt von der politischen Lage des gegenwärtigen Handelns — besonders auf dem Gebiet der Moral spielend, ironisch und geistig überleben bekämpfen kann[14].« — dieser kann jedoch nicht als Ursache oder als geschichtlich notwendiges Pendant zu Dantons Materialismus gelten. Ausschlaggebend für die Beurteilung des historischen wie des Büchnerschen Danton ist die Frage des politischen Standorts: »Da aber das politische Handeln die Aufgabe des Tages ist, nützt Danton diese philosophische Überlegenheit des Materialismus gar nichts. Er hat als Politiker, als Denker, als Mensch die Richtung verloren[15].« Nun ist aber gerade aus materialistischer Sicht gegen diese Auffassung einzuwenden, daß der *Danton* als Erkenntnis der Geschichte, »wie sie sich wirklich begeben« (II, 443), sehr genau die *entsetzliche Gleichheit* der zu Ende geführten politischen Revolution wiedergibt, die Marx in seiner Wendung gegen den Rousseauschen und den Hegelschen Idealismus als das *Verdienst* der Franzosen ansieht: »Da in der modernen Zeit die Staatsidee nicht anders als in der *Abstraktion* des ›*nur* politischen Staates‹ oder der *Abstraktion der bürgerlichen Gesellschaft von sich selbst*, von ihrem wirklichen Zustande, erscheinen konnte, so ist es ein Verdienst der Franzosen, diese *abstrakte Wirklichkeit* festgehalten, produziert und damit das *politische* Prinzip selbst produziert zu haben[16].« Unter dem Gesichtspunkt der bloß politischen Freiheit kommt die abstrakte Gleichheit der Französischen Revolution mit der abstrakten Ich-Identität des deutschen Idealismus überein: »Die *Gleichheit* ist nichts andres als das deutsche Ich = Ich, in französische, d. h. politische Form übersetzt. Die Gleichheit als *Grund* des Kommunismus ist seine *politische* Begründung und ist dasselbe, als wenn der Deutsche ihn sich dadurch begründet, daß er den Menschen als *allgemeines Selbstbewußtsein* faßt[17].« Idealismus und Materialismus sind nach Marx in der Französischen Revolution historisch notwendig aufeinander bezogen: »Allein die Vollendung des Idealismus des Staats war zugleich die Vollendung des Materialismus der bürgerlichen Gesellschaft[18].« Büchners Darstellung der Revolution führt zu einer analogen Einsicht. Im Verhältnis Dantons zu Robespierre ist die politische Gleichheit in ihrer Negativität als abstrakte Gleichheit erkannt. Der Unterschied zu Marx besteht nicht, wie man mit Lukács annehmen müßte, im Unterschied zwischen poetisch oder wissenschaftlich antizipierter *Perspektive*[19], sondern er ist der Unterschied zwischen dargestellter und sich darstellender Wirklichkeit[20], wobei nur die zuletzt genannte Form des Erkennens, die dialektische, das Vermögen zu einer Lösung besitzt. Lukács interpretiert den *Danton* vom Standpunkt eines politisch verstandenen Marxismus aus, für den das Prinzip der Parteinahme höher steht als das Prinzip der Kritik. Insoweit entspricht diese Interpretation der Herausforderung, auf die sie antwortet[21], der ebenfalls politisch sich verstehenden *Danton*-Interpretation von K. Viëtor[22]. Viëtor geht wie Lukács biographisch und historisch von einer Weltanschauungskrise aus, nur daß er, entschiedener biographisch orientiert, diese nicht so sehr nach dem historischen Stoff, als Krise des bürgerlichen Materialismus, sondern mehr nach den Zeitumständen Büchners, als Krise des deutschen Idealismus, bestimmt. Diese Krise wird als Gegenschlag des Nihilismus zwar an Schopenhauer zeitgeschichtlich exemplifiziert, der heroische Charakter, den der Pessimismus bei Viëtor annimmt, läßt aber deutlich spätere, auf Nietzsche und Heidegger zurückgehende Einflüsse erkennen. Der Kern der Viëtorschen Interpretation ist jedoch eine bestimmte Auffassung des politischen Handelns, für die das Krisenbewußtsein des heroischen Nihilismus lediglich eine *religiöse* Legitimation beisteuert. Viëtors Interpretation wendet sich zugleich gegen den Materialismus und den Moralismus der historischen Revolution. Beides sichert ihr einen bestimmten Platz in der Geschichte des politischen Denkens, das mit R. Koselleck[23] auf die Anfänge der bürgerlichen Gesellschaft in der Aufklärung zurückzubeziehen wäre. Gegen eine materialistische Auffassung der Revolution und des Stücks führt Viëtor vor allem drei Argumente ins Feld: den Pragmatismus, den Individualismus und den Machiavellismus des politischen Handelns. Robespierres Entscheidung für eine Fortsetzung der Revolution ist nicht historisch notwendig oder wahr, sondern sie entspringt — pragmatisch — einer Klugheitsregel des politischen Handelns. Schon Dantons Grundsatz, wo die Notwehr aufhöre, fange der Mord an, wird unter diesem Gesichtspunkt beurteilt: »Das ist, scheint es, moralisch richtig und am Ende auch politisch klug. Aber hat nicht doch Robespierre politisch recht, wenn er dagegen die Behauptung stellt, die soziale Revolution sei noch nicht fertig, ›die gute Gesellschaft‹, die Aristokratie noch nicht tot? ›Wer eine Revolution zur Hälfte vollendet, gräbt sich selbst sein Grab‹ — das Wort ist geschichtlich. Ein kluges Wort, ein richtiger Lehrsatz der politischen Theorie[24].« Der Pragmatismus in der Erklärung des politischen Kalküls erübrigt die Annahme einer historischen Notwendigkeit. Sie erübrigt sich abermals, wenn gegen den Pragmatismus, ihn einschränkend, als seine Grundlage ein dezisionistischer Individualismus aufgerichtet wird: »[...] Aber einer von diesen einfachen Lehrsätzen, die an der politischen Wirklichkeit mit ihren verwikkelten Verhältnissen vorbeitreffen. Was heißt das, eine Revolution ›vollenden‹? Wann ist eine Revolution fertig? Das ist kein objektiv angebbarer Zustand, dies Fertigsein; eine Revolution ist dann vollendet, wenn ein Zustand erreicht ist, der die Grundforderung der revolutionären Führer erfüllt. [...] Von solchen individuellen Entscheidungen in kritischen Stunden hängt der Gang der Ereignisse am Ende ab[25].« Von den geschaffenen Voraussetzungen aus fällt es Viëtor nicht schwer, die objektive Erklärung aus einer geschichtlichen Notwendigkeit abzutun: »Robespierre ist naiv genug zu glauben, die Revolution gehe allein darum, dem Volk bessere Verhältnisse zu schaffen[26].« Die genaue Stoßrichtung seiner Interpretation wird jedoch erst deutlich, wenn man die dritte Komponente der zugrundeliegenden politischen Doktrin, den Machiavellismus, ins Auge faßt. Er lenkt unsere Aufmerksamkeit zugleich von dem Weltanschauungsstreit der Interpreten weg auf die Bedingung für eine solche Kontroverse im Text.

Nur scheinbar spricht Viëtor mit seiner Einschränkung des Pragmatismus einem Individualismus das Wort. Das Stück zielt nach Viëtor auf mehr als nur eine Darstellung der Geschichte durch Individuen. Es zielt auf eine Typik des politischen Denkens und Handelns. »Aber Danton und Robespierre sind hier nicht nur Sprachrohr der politischen Spekulation des Dichters. Sie haben die volle Wirklichkeit personhaften Lebens; doch so, daß ihre Meinungen über die Sphäre des Individuellen hinausreichen in die der Typik des politischen Geschehens und der politischen Denkweisen[27].« Diese Typik wird von Viëtor als Gegensatz zwischen *empfindsam-moralischer* und *realistisch-dynamischer*, Rousseauistischer und moderner Geschichts- und Handlungsauffassung gedacht. »Ein letzter Gegensatz des modernen politischen Denkens ist hier auf die grundsätzlichste Formel gebracht: der Gegensatz zwischen empfindsam-moralischer und zwischen realistisch- dynamischer Geschichtsauffassung — ein Gegensatz, der sich zugleich als einer des politischen Handelns auswirkt[28].« Nun läßt sich streiten, ob die dem *Danton* zugedachte Position einer *realistisch-dynamischen Geschichtsauffassung* schon die Position Büchners, seines oder auch des historischen Danton ist. Eine Position des politischen Denkens aus der

Zeit Viëtors ist sie zweifellos. Der »neue[n] Geist eines skeptischen Realismus«, den Viëtor für Danton gegen Robespierre in Anspruch nimmt, ist der Geist eines politischen Voluntarismus, der sich gegen seine moralistische Einsetzung in der Staatstheorie der Aufklärung wendet. »Die politisch-geschichtliche Doktrin Rousseaus, von Robespierre in platterer und gröberer Fassung vertreten, wird hier von dem neuen Geist eines skeptischen Realismus erledigt[29].« Konstitutiv für diese neue Wirklichkeitssicht ist der Amoralismus sowohl des Lebens als auch der Politik. »Robespierre ist blind für die amoralisch-dynamische Beschaffenheit des Lebens und blind für die höchst unidealen Beweggründe seines eigenen politischen Handelns [...][30].« Vom Standpunkt der Politik aus gilt, daß die Moralität nicht im Widerspruch zur Politik zu denken ist, sondern als ein Moment der Politik. Die Moralität ist ein Machtfaktor. »Danton versteht nicht, daß das Moralische und das Idealische die andern Mächte im Menschen und im Leben sind, ebenso ursprünglich, so natürlich in ihm, — versteht nicht, daß darum das Moralische auch eine politische Macht ist[31].« Nun ist aber von einer politischen Macht des Moralischen im Stück nur auf der Seite Robespierres etwas zu spüren. Dies widerspricht indessen keineswegs der Interpretation Viëtors, sondern ist sozusagen das Hauptstück ihrer Lehre, nämlich der Unterweisung in einen Willen, der jenseits der moralischen Entscheidung steht. Dieser Wille gewinnt als politische Kraft erst Gestalt, wenn er die persönliche, individuelle oder moralische Kompetenz zu urteilen überschreitet. »Aber nur wo die individuelle Auffassung als objektiver Lehrsatz, als absolutes Dogma sich auszusprechen und durchzusetzen weiß, kann sie zur politischen Macht werden[32].« Nun läßt sich eine solche Auffassung von Politik und politischem Handeln zwar *religiös* legitimieren, indem ihrem Scheitern der Sinn einer Einsicht in die *Gebrechlichkeit des Seins* zugedacht wird: »Wem es geschehen ist, daß die unlösbare Gebrechlichkeit des Seins, die unaufhebbare Natur und Schicksalsgebundenheit des Menschen sich ihm unter den Erfahrungen des revolutionären Handelns offenbart hat, dem muß mit dem politischen Glauben der Wille vergehen[33].« Es bleibt jedoch fraglich, ob dies der

Sinn des Nicht-Mehr-Handelns in Büchners *Danton* ist, ob diese *Kehre* im Mysterium der *volonté générale* eintritt, die, sobald sich der politische Voluntarismus der moralistischen Fesseln seines Einsetzungsaktes entledigt, nicht erst einer späteren Zeit angehört. In welchem Sinn wäre dann aber die Moralismuskritik im Stück, die intellektuelle Vernichtung Robespierres durch Danton, zu verstehen?

Geschichte als die Geschichte einer Rezeption. Der ›sprachliche Realismus‹ Büchners[34]

Eine Untersuchung, die die Geschichte nicht im Text, sondern den Text in der Geschichte aufgehoben denkt, wird die genannten Aktualisierungen nicht dem Werk, sondern den Lesern zuschreiben. Was ist dann aber die Bedeutung des Werks in der Geschichte? Um diese Frage zu beantworten, wenden wir uns einem weiteren Kapitel der *Danton*-Rezeption zu: der Korrektur sowohl des materialistischen als auch des machiavellistischen *Danton*-Verständnisses in der Interpretation von W. Martens[35]. Robespierre und nicht Danton ist nach Martens der Exponent einer Krise im *Danton*. Die Krise ist nicht eine Krise der Erkenntnis, der im politischen Handeln widerlegten Weltanschauung, sondern eine Krise des Handelns, der in der Erkenntnis widerlegten politischen Aktion. Martens geht in seiner Interpretation von einem Utopiebegriff der Ideologie aus[36]. Ideologisch ist die Weltanschauung als politische Doktrin: »Das Wesen der Ideologie als politischer Heilskonzeption ist [...] von Büchner hellsichtig erfaßt: In ihr ist eine absolute Instanz etabliert, vor der die alten ethischen Ordnungen versinken, ja die eine persönliche Entscheidung und Verantwortung gar nicht mehr zuläßt. Das persönliche Gewissen — darin besteht zu einem guten Teil die ›befreiende‹ Funktion der Ideologie — ist in Zukunft im sinngebenden politischen Glauben aufgehoben. (ROBESPIERRE: Mein Gewissen ist rein). Der Gläubige ist erwähltes Werkzeug. Sein fürchterlichstes Tun im politischen Glaubensdienst noch ist sanktioniert[37].« Martens kann sich in seiner Interpretation auf die menschliche Zwiespältigkeit Robespierres beziehen. Diese tritt heraus, nachdem

Danton dem »Unbestechlichen« die »Absätze von den Schuhen« getreten hat (I, 15 u. 28). Danton erschüttert die Tugendhaftigkeit Robespierres und bewirkt damit, daß die politische Praxis vor die Entscheidung des Denkens gerät. »ROBESPIERRE *allein.* Geh nur! Er will die Rosse der Revolution am Bordel halten machen, wie ein Kutscher seine dressierten Gäule; sie werden Kraft genug haben, ihn zum Revolutionsplatz zu schleifen. Mir die Absätze von den Schuhen treten! Um bey deinen Begriffen zu bleiben! Halt! Halt! Ist's das eigentlich? Sie werden sagen seine gigantische Gestalt hätte zu viel Schatten auf mich geworfen, ich hätte ihn deßwegen aus der Sonne gehen heißen. Und wenn sie Recht hätten? Ist's denn so nothwendig? Ja, ja! die Republik! Er muß weg. Es ist lächerlich wie meine Gedanken einander beaufsichtigen. Er muß weg. Wer in einer Masse, die vorwärts drängt, stehen bleibt, leistet so gut Widerstand als trät' er ihr entgegen; er wird zertreten.« (I, 28) Wie Robespierre sich auch dreht und stellt, die einmal in Gang gesetzte Überlegung läßt ihn nicht zur Ruhe kommen. »Keine Tugend! Die Tugend ein Absatz meiner Schuhe! Bey meinen Begriffen! Wie das immer wieder kommt. Warum kann ich den Gedanken nicht los werden? Er deutet mit blutigem Finger immer da, da hin! Ich mag so viel Lappen darum wickeln als ich will, das Blut schlägt immer durch. — *Nach einer Pause.* Ich weiß nicht, was in mir das Andere belügt.« (I, 28) Unmittelbar darauf wird Robespierre ein Pamphlet des Camille zugetragen: »Dießer Blutmessias Robespierre auf seinem Kalvarienberge zwischen den beyden Schächern Couthon und Collot, auf dem er opfert und nicht geopfert wird.« (I, 30) Diese Anfechtung, die auf den Messianismus in seiner politischen Haltung geht, trifft Robespierre deshalb besonders empfindlich, weil ihm die Person Camille Desmoulins nahegeht. Robespierre faßt sich dem Vorwurf gegenüber blasphemisch: »Ja wohl, Blutmessias, der opfert und nicht geopfert wird. — Er hat sie mit seinem Blut erlöst und ich erlöse sie mit ihrem eignen. Er hat sie sündigen gemacht und ich nehme die Sünde auf mich. Er hat die Wollust des Schmerzes und ich habe die Quaal des Henkers. Wer hat sich mehr verleugnet, Ich oder er? —« (I, 30) Die Erlöserreligion des

Ideologen Robespierre enthüllt sich als eine Religion der Sünde, der Opferung und der Verleugnung. Nicht die Krise einer Weltanschauung wird zwischen Danton und Robespierre ausgetragen, sondern die Krise einer politischen Doktrin. Robespierres Handeln wird durch die Einwendungen Dantons und Camilles im Wort vor die Entscheidung des Denkens gebracht. Bewahrheitet sich dadurch das Wort?
Nach Martens bedeutet die religiöse Motivation eine Widerlegung des politischen Handelns. »Das Mittel aber zum Durchsetzen des politischen Evangeliums ist notwendig die Gewalt[38].« Das Handeln kritisiert sich immanent durch die Vorstellungen, an denen es sich orientiert. Welches sind aber diese Vorstellungen? Nach Martens vollendet sich das Gericht der Idee über die Wirklichkeit in einer *gleichsam pfingstlichen* Auslegung, die Saint-Just dem politischen Messianismus gibt: »Die Idee der Revolution vereinigt, so will es Saint-Just, in diesem Augenblick die Gleichgesinnten aller Länder gleichsam pfingstlich zu einer großen mystischen Communio. Die Weltzeit hat geschlagen. Der ›erhabene Augenblick‹ der Fleischwerdung des revolutionären Geistes ist da, da der Gedanke Entschluß wird und in blutigem Vollzuge zur Verwirklichung der Menschheitserneuerung schreitet[39].« Dies widerspricht nun nicht nur dem Text, denn Saint-Just denkt die »Fleischwerdung des revolutionären Geistes« ganz und gar unpfingstlich nach dem Vorbild des Pelias-Mythos (I, 46), sondern es widerspricht auch der Annahme eines »messianischen Erlösungsdenkens«, vor dessen Hintergrund Büchner nach Martens' Auffassung die politische Fortschrittsideologie der Aufklärung kritisiert. »Auch der totale Anspruch, die — auch für den historischen Rousseaujünger Robespierre zutreffende — Verquickung von moralischer und politischer Forderung erhält bei Büchner vor dem Hintergrund eines messianischen Erlösungsdenkens erst ihren rechten Platz[40].« Büchner kritisiert den politischen Messianismus Robespierres. Doch er kritisiert ihn nicht vom Standpunkt einer bereits erlösten Wirklichkeit aus. Nicht nur in der Rede Saint-Justs, sondern auch im Verhältnis Robespierres zu den Abgeurteilten besteht eine Inkarnationsbeziehung. Deren Irreligiosität liegt aber weniger in dem Anspruch einer Erlösung vom Leid als in

der Art, wie dieser Anspruch durchgesetzt wird: durch eine Unempfindlichkeit gegen das Leid. »ROBESPIERRE. [...] Die Sünde ist im Gedanken. Ob der Gedanke That wird, ob ihn der Körper nachspielt, das ist Zufall.« (I, 29) Auf der Seite der Abgeurteilten, im Gespräch auf dem Korridor, heißt es: »MERCIER. Nicht wahr, Lacroix? Die Gleichheit schwingt ihre Sichel über allen Häuptern, die Lava der Revolution fließt, die Guillotine republicanisirt! Da klatschen die Gallerien und die Römer reiben sich die Hände, aber sie hören nicht, daß jedes dießer Worte das Röcheln eines Opfers ist. Geht einmal euren Phrasen nach, bis zu dem Punkt wo sie verkörpert werden. Blickt um euch, das Alles habt ihr gesprochen, es ist eine mimische Uebersetzung eurer Worte. Dieße Elenden, ihre Henker und die Guillotine sind eure lebendig gewordnen Reden.« (I, 51 f.) Das *Nachspielen* in der Körperwelt bringt die Unwahrheit der *Phrasen* an den Tag. Was heißt dann aber, die Sünde sei im Gedanken? Heißt es, die Sünde sei in der Anwendung des Gedankens? Oder heißt es, in direkter Umkehrung der Entlastungsfunktion, die der Gedanke für Robespierre hat, die Sünde sei im Gedanken, die Anwendung wäre aber die Erlösung von dieser Sünde?

Auf diese Wahrheit stößt Robespierre, als er der Realität seiner Identifikation mit dem *Einen* inne wird. Die *Phrase* in den Worten Merciers war die selbst-, nicht die fremdgesprochene Phrase. An den Punkt einer Anwendung auf sich gelangt auch Robespierre: »Und doch ist was von Narrheit in dem Gedanken. — Was sehen wir nur immer nach dem Einen? Wahrlich des Menschensohn wird in uns Allen gekreuzigt, wir ringen Alle im Gethsemanegarten im blutigen Schweiß, aber es erlöst Keiner den Andern mit seinen Wunden. Mein Camille! — Sie gehen Alle von mir — es ist Alles wüst und leer — ich bin allein.« (I, 30 f.) Der Satz, die Sünde sei im Gedanken, gilt nicht nur *auch* im Blick auf eine Fremd- oder Vorgesprochenheit, sondern *gerade* im Blick auf eine Fremd- oder Vorgesprochenheit der Gedanken. Das Selbstsprechen wäre der erste Schritt einer sie erlösenden Einkörperung, das Selbsttun und Selbstleiden die letzte Bewahrheitung des Wortes. Diese Deutung legt Danton nahe, wenn er sich in einer analogen Szene der Gewissensergründung, jedoch aus einer anderen Lage als Robespierre, mit dem historischen Jesus vergleicht. In Danton bewahrheitet sich der politische Messianismus. »Der Mann am Kreuze hat sich's bequem gemacht: es muß ja Aergerniß kommen, doch wehe dem, durch welchen Aergerniß kommt. Es muß, das war dieß Muß. Wer will der Hand fluchen, auf die der Fluch des Muß gefallen? Wer hat das M u ß gesprochen, wer? Was ist das, was in uns hurt, lügt, stiehlt und mordet?« (I, 41)[41] Das Muß, mit dem der historische Jesus, die anderen betreffend, sich aus der Affäre zog, schließt die Konsequenz einer Verkörperung alles des durch ihn Geredeten für diese anderen ein. Es ergibt sich also das genaue Gegenteil zu dem, was Martens aus den theologischen Motiven für das politische Handeln folgert, als Sinn des bei Büchner realistisch gewendeten Inkarnationsmotivs[42]. Nicht die Anwendung macht an sich wahre Gedanken oder Reden sündig. Sie sind — als Gedanken oder Reden des *Einen* — sündig, solange ihnen in der geschichtlichen Wirklichkeit ihre Anwendung fehlt. Diese Anwendung kann jedoch nicht — wie das Beispiel Robespierres zeigt — als eine Übernahme *und* Verkehrung des Opfergedankens geschehen. Es bleibt die *Scheußlichkeit* für die anderen, zu sein oder doch sein zu müssen, was dieser Gedanke mit Bezug auf sie bedeutet. Die religiöse Interpretation des *Danton* führt durch die Wort- oder Redethematik, deren sie sich bedient, aus den Voraussetzungen des Textes an den Punkt einer systematischen Erörterung des rezeptionsgeschichtlichen Ansatzes. Was bedeutet der *Danton* unter dem Aspekt seines *sprachlichen Realismus*? Mit der redetheoretischen Erörterung des Verhältnisses von Wort und Wirklichkeit im *Danton* ist die Frage der Rezeption als Frage der Applikation oder Konkretisation im Text selbst aufgeworfen.

Büchner verwahrt sich ausdrücklich gegen das Ansinnen, nach Art der »sogenannten Idealdichter« seinen *Danton* verantworten zu sollen: die »Idealdichter« zeigen »die Welt nicht [...] wie sie ist, sondern wie sie sein solle« (II, 444). Die Unterscheidung von *Sein* und *Sollen* in diesem Zusammenhang reicht in der Poetiktradition bis auf Aristoteles zurück[43]. Büchner verwendet sie jedoch in dem Sinn, daß er in

ihr mit einem traditionellen Anspruch bricht. Er kündigt dem Anspruch der Tragödie, *philosophischer* als die Geschichte oder die Geschichtsschreibung zu sein[44]. Kündigt er damit nicht auch dem Anspruch auf eine ideengeschichtliche Deutung? »[...] der dramatische Dichter ist in meinen Augen nichts, als ein Geschichtschreiber, steht aber *über* Letzterem dadurch, daß er uns die Geschichte zum zweiten Mal erschafft und uns gleich unmittelbar, statt eine trockne Erzählung zu geben, in das Leben einer Zeit hinein versetzt, uns statt Charakteristiken Charaktere, und statt Beschreibungen Gestalten gibt. Seine höchste Aufgabe ist, der Geschichte, wie sie sich wirklich begeben, so nahe als möglich zu kommen.« (II, 443) Der Ideengehalt der darzustellenden Begebenheit gehört der Geschichte an, ebenso wie der pragmatische Zusammenhang des Geschehens, der Teil, der nach der traditionellen Auffassung vom Geschichtsdrama vor allem der poetischen Lizenz unterliegt[45]. Wenn schließlich aber auch die Sitten und Motive, wie Büchner in seiner Rechtfertigung des *Danton* betont, unter das Gebot der Geschichtstreue fallen (II, 443 f.), was bleibt dann für jenes *Mehr*, durch das der Dramatiker *über* dem Geschichtsschreiber steht?
Nach H. Krapp ist dieses *Mehr* in der Rede*form*, nicht im Inhalt der poetischen Rede zu suchen; darin, daß der Dramatiker Büchner seine Gestalten *selbst* und nur *selbst redend* auftreten läßt: »die Figur ist mehr als nur die Sprache, die sie spricht[46].« Büchner bewahrheitet — anders als die »sogenannten Idealdichter« — die Redeform des Dramas. Sein Realismus ist ein *sprachlicher Realismus*, der *lyrische* Realismus einer Beglaubigung des Wortes durch die Gestalt[47]. Der Äußerungscharakter der Rede steht für die Wirklichkeit des Gesprochenen ein: »[...] die Gestalten sprechen nicht mehr. Sie äußern sich — sie ›treten aus sich heraus‹[48].« Die Wirklichkeit wird nicht in der Form der Vergangenheit *episch* oder in der Form der Erwartung *dramatisch*, sondern in der Form vollkommener Gegenwärtigkeit *lyrisch* erfahren: »[...] so gibt es nichts, das sich in den Gestalten hier vorausentwirft. Ihr Schicksal liegt weder in der Dimension der Zeit noch in der Spannung zu einer Transzendenz außerhalb ihres gegenwärtigen Seins, darin es sich erst zu erfüllen hätte. Befreit von der Aufgabe, sich zu

verwirklichen, weil sie schon wirklich sind, haben sie nichts, woran sich ihr Gelingen oder ihr Versagen ausweisen könnte und in dessen Erwartung sie existierten, um die Gloriose oder den Untergang zu erfahren[49].« Krapp folgt in seiner Interpretation dem stiltheoretischen Ansatz E. Auerbachs[50], den er, um der lyrischen Ausdrucksqualitäten willen, gattungstheoretisch in der Linie der Staigerschen *Grundbegriffe* weiterbildet[51]. Für die Realismusauffassung ergibt sich daraus, daß der Realismus Büchners sich existentiell begründet: aus dem Verhalten des Sprechers zu seiner Sprache, die er spricht. Das Problem des *Danton* ist ein *ästhetisches Problem,* das »Problem der Selbstdarstellung dramatischer Personen durch den Dialog«[52]. Die politischen, philosophischen und sozialen Inhalte, die in diese *Konzeption* eingehen, sind durch ein verändertes Verhalten der Personen zur Sprache bestimmt. Der Dialog, der das gesprochene Wort als Mitteilung versteht, ist gemeinsame Rede, weil er die Sprache auf ihren abstrakten Aussagecharakter reduziert, das Wort nicht durch den existierenden Sprecher, sondern den Sprecher durch das — als Sache — existierende Wort beglaubigt[53]. Unter diesem Gesichtspunkt kritisiert Krapp nicht nur den idealistischen Dialog, der dem Realismus Büchners widerspricht, sondern auch die politische Rhetorik, die ein Teil dieses Realismus ist[54]. Um die Bedeutung dieses Schrittes einsehen zu können, müssen wir auf die historische Realismusauffassung zurückgehen, die Krapp bei Auerbach vorfand.

Auerbach erklärt die Entstehung des *modernen Realismus*[55] aus der Säkularisation eines ursprünglich theologischen Wortverständnisses. Grundlegend ist für ihn die »Geschichtlichkeit« und »soziale[n] Bewegtheit« einer Sprache, die »das Sinnlich-Anschauliche, welches hier erscheint«, nicht durch »bewußte Nachahmung« darstellt, sondern »in den Gesten und Worten der innerlich bewegten Menschen offenbart«[56]. An die Stelle eines absichtsvoll ordnenden Geistes, der die Rede und die Geschichte überschaut, tritt die innere Ordnung der Rede, die in sich bereits geschichtlich ist. Die Rede ist *figural* im Sinn einer historischen Erwartungsstruktur der Sprache. Auerbach beschreibt den *figuralen Realismus,* der aus der christlichen Offenbarungslehre hervorgegangen ist, als eine »Struktur«, die »ihren beiden Polen, der Figur wie der Erfüllung, den konkreten, geschichtlichen Wirklichkeitscharakter beläßt [...]; so daß sich Figur und Erfüllung zwar gegenseitig ›bedeuten‹, daß aber ihr Bedeutungsgehalt keineswegs ihre Wirklichkeit ausschließt«[57]. Diese Geschichtlichkeit der Rede, die — theologisch — durch das Ereignis der Inkarnation verbürgt ist, widerstreitet einem statischen Wirklichkeitsverständnis, das sich — auf der Ebene der Stillehre — in der antiken Rhetorik bekundet[58]. Auf der Ebene des Stils zeigt sich der Gegensatz zwischen Geschichtlichkeit und Ungeschichtlichkeit der Rede als Gegensatz zwischen *Stilmischung* und *Stiltrennung*[59], durch die poetische Einbildungskraft offenbart er sich als ein Gegensatz in der geschichtlich bewegten Rede selbst. Denn die Kraft einer solchen Bewegtheit bezeugt sich erst in dem Augenblick unwidersprechlich, in dem sie die Ordnung, der sie ihr Selbstverständnis verdankt, vernichtet. In der poetischen Imagination sprengt eine »Übermacht der Bilder« den »figuralen Rahmen«, der ihre Wirklichkeit verbürgt. »Man denke an frühere figurale Kunst, an die Mysterien, an die kirchliche Plastik, die sich gar nicht oder doch nur ganz zaghaft über das von der biblischen Geschichte unmittelbar Gegebene herauswagten; die Wirklichkeit und Individuum nur für die Belebung biblischen Geschehens nachzuahmen begannen; und halte daneben Dante, der die ganze geschichtliche Welt, und innerhalb derselben grundsätzlich jeden Menschen, der ihm in den Wurf kommt, in dem figuralen Rahmen lebendig werden läßt! Das ist zwar nur die Forderung der jüdisch-christlichen Geschehensdeutung von Anfang an; sie beansprucht universale Geltung; aber die Fülle des in die Deutung eingebauten Lebens ist so reich und stark, daß seine Erscheinungen auch unabhängig von aller Deutung sich ihren Platz in der Seele des Hörers erobern. [...] Und in dieser unmittelbaren und bewundernden Teilnahme am Menschen wendet sich die in der göttlichen Ordnung gegründete Unzerstörbarkeit des ganzen, geschichtlichen und individuellen Menschen *gegen* die göttliche Ordnung; sie macht sie sich dienstbar und verdunkelt sie; das Bild des Menschen tritt vor das Bild Gottes. Dantes Werk verwirklichte das christlich-figurale Wesen des Menschen und zerstörte es in der Verwirklichung selbst; der gewaltige Rahmen zerbrach durch die Übermacht der Bilder, die er umspannte[60].« An die Stelle eines theologischen Geschichtsverständnisses, nach dem das geoffenbarte Wort die Gestalt beglaubigte, tritt das verweltlichte Geschichtsverständnis, nach dem die Gestalt das geoffenbarte Wort beglaubigt. Die Rolle der Poesie für diese Entwicklung ist deutlich: sie bestätigt, indem sie die theologische Offenbarungsordnung leugnet, die darin nur unvollkommen repräsentierte göttliche Kraft. Undeutlich ist — in der Realismusauffassung Auerbachs — der Status dieser göttlichen Kraft. Sie figuriert nicht mehr *in* der Erwartungsstruktur der Rede und verliert darüber sowohl ihre theologische als auch ihre historische Auslegung. Sie figuriert — als poetische und politische Imagination — *die* Erwartungsstruktur der Rede.

Der Realismus, den Krapp bei Auerbach vorfand, ist ein historischer Realismus. Er widerspricht dem politischen Realismus Büchners, der von Krapp jedoch existentiell aufgefaßt wird. Krapp interpretiert die politische Rhetorik des *Danton* aus einer Analogie zum idealistischen Pathos. Der Standpunkt, von dem aus ein politisches Verständnis des Büchnerschen Realismus wiederzugewinnen wäre, ist der Standpunkt eines rhetorischen Realismus. Die Rhetorik unterscheidet in ihrer Stillehre drei *genera dicendi:* das *genus humile,* das *genus medium* und das *genus sublime*[61]. Dem *genus medium* entspricht auf der Seite der zu erregenden und zu zeigenden Gemütslage das *ethos,* dem *genus sublime* auf der Seite der zu erregenden und zu zeigenden Gemütslage das *pathos.* Beide *genera* sind unterschieden nach entgegengesetzten Situationen des Handelns. Situationen, die innerhalb der Grenzen der Menschheit liegen, verlangen eine *ethische,* Situationen, die den Handelnden über diese Grenze hinausdrängen, die ihn *entsetzen,* eine *pathetische* Präsentation[62]. So jedenfalls liegen die Verhältnisse bei Schiller, auf dessen *pathos*-Begriff sich Krapp als Beispiel für die klassische Rhetorik beruft. In *Über Anmut und Würde* heißt es: »Überhaupt gilt hier das Gesetz, daß der Mensch alles mit Anmut tun müsse, was er innerhalb seiner Menschheit verrichten kann, und alles mit Würde, welches zu verrichten er über seine Menschheit hinausgehen muß[63].«

Schiller betont am *pathos* das Widerstehungsvermögen der Würde. Dies ändert jedoch nichts an der Tatsache, daß die Würde sich durch einen unaufgelösten Widerspruch in Leidsituationen zeigt: »Würde wird daher mehr im *Leiden* (πάθος), Anmut mehr im *Betragen* (ἦθος) gefordert und gezeigt[64]«. Die Theorie des *sprachlichen Realismus* verwendet die Begriffe der Rhetorik nicht, wie sie sie vorfindet, als Begriffe der Wirkung nach Regeln der *Angemessenheit* an die Situation[65], sondern sie verwendet sie inhaltstheoretisch, als Begriffe der Wirklichkeit, in denen sich eine bestimmte Wirklichkeitsauffassung offenbart[66]. Das *pathos*, das wie das *ethos* die Rede pragmatisch, durch Situationen des Handelns vermittelt zeigt, wird ihr zu einem Fall der objektiven Beglaubigung des Wortes durch die Idee: »Mit anderen Worten formuliert: die harmonische Totalität der Welt des Idealismus ist beglaubigt durch die objektiv gegebene Idee; der Sinn kann zwar dem Menschen entrückt werden, doch nie auf immer verloren gehen[67].« Nun gibt es zwar nach der Stillehre der Rhetorik den Fall einer Beglaubigung des Wortes durch die Idee. Dies ist jedoch nicht der Fall des *genus sublime*, dem die Erschütterung obliegt *(movere)*, sondern der Fall des *genus humile*, dem das Beweisen und Belehren obliegt *(probare, docere)*. Für die idealistische Rhetorik gilt, daß sie eine autonome Beglaubigung des Wortes — als Beglaubigung durch die Gestalt — nur in der Form einer wechselseitigen Beglaubigung, als Beglaubigung der Anmut durch die Würde und der Würde durch die Anmut[68], denken kann. Sie *muß* die Möglichkeit einer autonomen Beglaubigung entwickeln, wenn die Rede, die sich, um zu wirken, an Situationen des Handelns orientiert, diese im Unterschied zur antiken Rhetorik als geschichtlich veränderbar auffassen will. Was wäre dann aber der Sinn einer realistischen Auffassung des *pathos* in Büchners *Danton?* Büchner behandelt das Verhältnis von *ethos* und *pathos* im *Danton* nicht moralisch wie Schiller, mit dem Ziel einer *ästhetischen* Aussöhnung des Widerspruchs[69], sondern historisch, als Wiedergabe der politischen Redewirklichkeit der Revolution. Rhetorik und existentieller Redegebrauch schließen einander nicht aus. Es sind dies die beiden Seiten des *einen sprachlichen Realismus,* der bei Büchner durchaus politisch gesehen ist. Ihre Bestätigung findet diese Auffassung durch eine kommunikationstheoretische Interpretation des Dialogs.

Literarische Kommunikation. Philologische Kritik eines unhistorischen Verhältnisses

Die Rezeptionsästhetik denkt das *Werk* durch ein System der Erwartungserwartung vermittelt, innerhalb dessen der Autor auf *Fragen antwortet,* die der Leser als solche ausfindig zu machen hat[70]. Indem sich der Leser in den Standpunkt der Frage stellt, kehrt sich für ihn das Verhältnis einer Herausforderung durch den Text um[71]. Der Leser bleibt unter der Prädisposition des Textes, indem er die Frage, auf die er den Text antworten läßt, durch eine *Selektion* aus dem Text gewinnt[72]. Er geht über die Prädisposition des Textes hinaus, weil diese *Selektion* als Verhältnis von Frage und Antwort die Bedeutung eines historischen Verhältnisses besitzt[73]. Damit ergibt sich nicht nur eine gewisse Analogie zur oben erörterten figuralen Auslegung — die Geschichte *figuriert* wiederum in einem Verhältnis der Rede —, sondern es ergibt sich auch eine ungleich stärkere Abschirmung gegen die Geschichte, indem die Geschichte nur noch — als Frage-Antwort-Verhältnis — in einem Leser-Text-Verhältnis *figuriert.* Die Erwartungsstruktur der Geschichte ist nicht mehr die Erwartungsstruktur des geschichtlichen Handelns. Sie ist die Erwartungsstruktur einer Kommunikation *über* das geschichtliche Handeln, das die Form eines Frage-Antwort-Verhältnisses erhält. Die Rezeptionsästhetik folgt in ihrer Auffassung der Rezeption einer systemtheoretischen Auffassung der Geschichte[74]. So, wie jene das Zugleich von Komplexitätsreduktion und Komplexitätskonstitution durch die bewußte Selektionsleistung in der Sinnkonstituierung gegeben denkt[75], denkt die Rezeptionsästhetik »den Werkcharakter als Konvergenz von Text und Rezeption, mithin [!] als eine dynamische, im historischen Wandel ihrer Konkretisationen faßbare Struktur«, als »dialogische[n] Konstitution des Sinns«[76]. Es läßt sich fragen, ob nicht das Bewußtsein der Sinnkonstitution, um zugleich

Komplexität zu erzeugen und zu reduzieren, der ästhetischen Prädisposition bedarf. Die Rezeptionsästhetik stellt diese Frage nicht, sondern sie denkt gerade den Schritt über die ästhetische Erfahrung hinaus in der Form einer solchen Sinnkonstitution. Sie verfehlt damit sowohl den Sinn des phänomenologischen Systemrationalismus[77] als auch den Sinn der ästhetischen Erfahrung. Grundlegend für das *sinnkonstituierende Erleben* ist der *funktionelle Primat der Negation*[78]. Deckt sich dieser *funktionelle Primat* mit der *ursprünglichen Negativität des Werks?*

Der Erörterung dieser Frage nach der Bedingung der Möglichkeit der sinnkonstituierenden, *negierbaren* Negation[79] soll der letzte Abschnitt der Rezeptionsgeschichte des *Danton* gelten. Er behandelt die Voraussetzungen, unter denen — selbst ein Akt der Rezeption — die Geschichte einer Rezeption geschrieben wurde. Poetische Bedeutungen sind negierte Bedeutungen, deren Negation selbst wieder negierbar ist[80]. Ihre pragmatische Funktion im Zusammenhang der sprachlichen Kommunikation beruht darauf, daß sie, als *gemachte* Bedeutungen, die Möglichkeit einer folgenlos negierbaren Negation eröffnen[81]. Alle anderen Fälle der Negation in der Sprache wie im Handeln unterliegen der Einschränkung, daß nie das genau Gleiche in der Negation der Negation zurückgeholt werden kann[82]. Allein die *gemachte* Bedeutung ist in dem gedachten Sinn in der Zeit festgestellte Bedeutung. Sie erlangt diese *produktiv*e Stellung in der sprachlichen Kommunikation, indem sie durch eine Begründung in sich die folgenlose, negierbare Negation aus einer bestimmten, nicht folgenlosen Negation hervorgehen läßt. Der *Danton* ist die Tragödie der politischen, nicht der poetischen Einbildungskraft. Er thematisiert den politischen Einsetzungsakt der *neueuropäischen* Gesellschaft, indem er ihn — vor allem am Schluß des Dramas — zur Kommunikationsstruktur in Beziehung setzt. Büchner vertraut die moralische Lösung des Konflikts nicht der Gestalt, sondern der sozialen Beziehung an[83]. Julie ermöglicht Danton den Tod, indem sie ihn nicht allein sterben läßt: »Da, bring ihm das und sag' ihm er würde nicht allein gehn. Er versteht mich schon [...]«. (I, 64) Sie entspricht damit einer Erwartung Dantons, die sie kennt, weil sie ihn kennt: »Ich werde nicht allein gehn, ich danke dir Julie. Doch hätte ich anders sterben mögen, so ganz mühelos, so wie ein Stern fällt, wie ein Ton sich selbst aushaucht, sich mit den eignen Lippen todtküßt, wie ein Lichtstrahl in klaren Fluthen sich begräbt. —« (I, 67) Das Drama führt uns von sich aus auf eine Auffassung von Gesellschaft als Kommunikation[84]. Der Schluß widerspricht dem Beginn, wenn Danton in der Eingangsszene feststellt: »Nein Julie, ich liebe dich wie das Grab. JULIE *sich abwendend.* Oh! DANTON. Nein, höre! Die Leute sagen im Grab sey Ruhe und Grab und Ruhe seyen eins. Wenn das ist, lieg' ich in deinem Schooß schon unter der Erde. Du süßes Grab, deine Lippen sind Todtenglocken, deine Stimme ist mein Grabgeläute, deine Brust mein Grabhügel und dein Herz mein Sarg.« (I, 9) Danton nimmt in diesem Ausspruch die spätere Lösung mit einer bezeichnenden Sinnverkehrung vorweg. Nicht weil »Grab und Ruhe [...] eins« sind, liegt er in Julies »Schooß schon unter der Erde«, sondern weil er in Julies »Schooß [...] unter der Erde« liegen wird, wird für ihn »im Grab [...] Ruhe« sein. Der Sinnverkehrung im inhaltlichen Resultat des Dialogs entspricht eine Sinnverkehrung in der Form, durch die der Inhalt zustande kommt. Der Dialog beginnt auf der *Beziehungsebene* der Kommunikation[85]. Danton entspricht nicht der Erwartung, die Julie an ihn richtet. Er bestreitet die Möglichkeit, einander zu *kennen.* »JULIE. Glaubst du an mich? DANTON. Was weiß ich! Wir wissen wenig voneinander. Wir sind Dickhäuter, wir strecken die Hände nacheinander aus aber es ist vergebliche Mühe, wir reiben nur das grobe Leder aneinander ab, — wir sind sehr einsam.« (I, 9) Man kann nicht sagen, daß Danton und Julie einander verstünden. Gleichwohl kommunizieren sie miteinander. Sie kommunizieren miteinander über ihre Kommunikation[86]. Danton setzt einseitig, indem er sich auf den Standpunkt der Einsamkeit stellt, ihre Beziehung zueinander neu fest. »JULIE. Du kennst mich Danton. DANTON. Ja, was man so kennen heißt. Du hast dunkle Augen und lockiges Haar und einen feinen Teint und sagst immer zu mir: lieb Georg. Aber *er deutet ihr auf Stirn und Augen* da da, was liegt hinter dem? Geh, wir haben grobe Sinne. Einander kennen? Wir müßten uns die Schädeldecken aufbrechen und die Gedanken einander aus den Hirnfasern zerren.« (I, 9) An Danton selbst wird sich das Wort vom Aufbrechen der Schädeldecken bewahrheiten; jedoch anders, als er mit Bezug auf Julie meint: am Ende sind es die »grobe[n] Sinne«, durch die er Julie *kennen* wird, aus denen ihm seine ihn befreiende Erwartung kommt. Am Ende dieses Dialogs schließt sich Danton gegen jede wirklich intersubjektive Erwartung ab. Nicht nur, daß er nicht die Erwartung des anderen erwartet, sondern gegen diese Erwartung spricht[87]: er unterwirft seine Beziehung zu Julie einem abschließenden Urteil, das allein von seinen Voraussetzungen aus gefällt ist. Danton löst sich aus der Beziehung zu Julie. Er steht bereits in der Einsamkeit dessen, der das Pathos der Revolution auf sich herabbeschwor[88].

Büchner thematisiert das Elend der Revolution als ein Pathos der Revolution. Das Problem Dantons, das sich von der ersten Szene an abzeichnet, ist das Problem, nicht sterben zu können. Warum erscheint es zunächst in der eigentümlich sinnverkehrten Form einer einsamen Entschlossenheit zum Tod? Die Äußerungen in der Kommunikation — hier und an fast allen späteren Stellen — sind vorgeschobene Äußerungen, Versuche, sich zu fassen[89]. Insoweit bewährt sich die existentielle Interpretation: die Weltanschauungspositionen, die bei Lukács, Viëtor oder Martens den Grund des Ganzen offenlegen, entspringen nicht einem *Pathos* der Idee[90], sondern sind Beschwichtigungsversuche, vergebliche Vergewisserungen derer, die sich von der Revolution »in Ruhe« gesetzt sehen. »DANTON. [. . .] die Revolution setzt mich in Ruhe, aber auf andere Weise, als ich dachte.« (I, 32) Das Pathos des Todes, von dem Danton umgetrieben wird, ist das Pathos der Revolution[91]. Es kommt zur »Ruhe«, als — im Mißlingen der Inkarnation — die Schöpfung das Leid in der absolut gewordenen Unvollkommenheit als ihr Leben einbekennt.

Büchner führt den Beweis für das *Durch-sich-selbst-Sein* der Schöpfung aus dem Scheitern der Nihilismusthese. Die Gleichung, die Ruhe in Gott sei die Ruhe im Nichts, stößt auf die Schwierigkeit, daß »etwas [. . .] nicht zu nichts werden« kann. »PHILIPPEAU. Was willst du denn? DANTON. Ruhe. PHILIPPEAU. Die ist in Gott. DANTON. Im Nichts. Versenke dich in was Ruhigers, als das Nichts, und wenn die höchste Ruhe Gott ist, ist nicht das Nichts Gott? Aber ich bin ein Atheist. Der verfluchte Satz: etwas kann nicht zu nichts werden! und ich bin etwas, das ist der Jammer!« (I, 61) Wenn die Negativität, das Leid, der »Fels des Atheismus«[92] ist, so zeigt sich jetzt, daß das Etwas, das leidet, den Schluß auf das Nichts zunichte macht. — »Die Schöpfung hat sich so breit gemacht, da ist nichts leer, Alles voll Gewimmels. Das Nichts hat sich ermordet, die Schöpfung ist seine Wunde, wir sind seine Blutstropfen, die Welt ist das Grab worin es fault. Das lautet verrückt, es ist aber doch was Wahres daran.« (I, 61) Der weitere Verlauf des Dialogs legt die Vermutung nahe, daß hier nicht der logische Schluß das Sein, sondern das Sein den logischen Schluß bedingt. Camille spricht die Situation aus. Er nennt jenes »nicht sterben können«, das die physische Bedingung der Unmöglichkeit mit voller Klarheit heraustreten läßt: »Die Welt ist der ewige Jude, das Nichts ist der Tod, aber er ist unmöglich. Oh nicht sterben können, nicht sterben können, wie es im Lied heißt.« (I, 61) Vollzogen, in einem Sprechakt, der die Wahrheit widerstrebend einbekennt, tritt die physische Bedingung der Unmöglichkeit daraufhin bei Danton zutage. Danton bleibt bei seiner Auffassung der Situation. Das Leben *ist* bereits der Tod, eine »verwickeltere, organisirtere Fäulniß«, ein Sterben. Gerade dies läßt ihn an einer Vernichtung im Tod zweifeln. »Wir sind Alle lebendig begraben und wie Könige in drei- oder vierfachen Särgen beygesetzt, unter dem Himmel, in unsern Häusern, in unsern Röcken und Hemden. Wir kratzen fünfzig Jahre lang am Sargdeckel. Ja wer an Vernichtung glauben könnte! dem wäre geholfen. Da ist keine Hoffnung im Tod, er ist nur eine einfachere, das Leben eine verwickeltere, organisirtere Fäulniß, das ist der ganze Unterschied!« (I, 61) Der Sinn, in dem diese Äußerung getan ist, wird jedoch durch den Schluß, auf den er führt, in sein Gegenteil verkehrt.

Danton spricht bereits nicht mehr aus der Lage dessen, der den Glauben an eine Vernichtung im Tod sucht. Der Nachsatz, der adversativ an den mit Nachdruck vorgetragenen Protest anschließt, ist bereits aus dem Standpunkt des Lebens gesprochen: »Aber ich bin gerad' einmal an dieße Art des Faulens gewöhnt, der Teufel weiß, wie ich mit einer andern zu Recht komme.« (I, 61) Danton kommt mit der anderen Art des Faulens nicht zurecht. Die einzige Möglichkeit, daß der Tod gestorben werden könnte, wäre, daß er die Gestalt des Lebens annähme; nicht eines *ewigen Lebens,* das die Theologie als Antwort auf diese Frage denkt, sondern eines sich durch ihn hindurch fortsetzenden kreatürlichen Lebens. Dies ist der Sinn jener abschließenden Hinwendung zu Julie, mit der Danton eine Erwartung, die erwartet wird, ausspricht: »O Julie! Wenn ich allein ginge! Wenn sie mich einsam ließe! Und wenn ich ganz zerfiele, mich ganz auflöste — ich wäre eine Handvoll gemarterten Staubes, jedes meiner Atome könnte nur Ruhe finden bei ihr. Ich kann nicht sterben, nein, ich kann nicht sterben. Wir müssen schreien, sie müssen mir jeden Lebenstropfen aus den Gliedern reißen.« (I, 61) Dies ist die vorletzte Position im Wechsel der Haltungen oder Gemütslagen bei Danton. Nicht der Tod zwingt das Leben, ihn anzuerkennen, sondern das Leben erzwingt seine Anerkennung durch den Tod. Dem wird, wie wir sahen, durch Julie entsprochen, weil sie, ohne eine Mitteilung von Danton empfangen zu haben, seine Erwartung, sie betreffend, erwartet. Sie *kennt* ihn, wie er — in diesem Augenblick — sie *kennt:* aus dem Leid oder der Unvollkommenheit der Kreatur. Die letzte Position, die aufgrund dieser Gewißheit möglich wird, ist die *Geburt* des Nichts aus der Schöpfung. Der Gang der Begründung ist umkehrbar. Nicht vom Nichts oder von Gott aus wäre die Welt zu begründen, sondern die Welt hat das Nichts als ihre Begründung aus sich hervorzubringen. Danton kann als Erwartung, die durch eine Gegenwart verbürgt ist, aussprechen, was sich bis dahin dem Wort wie dem Sein versagte. »Die Welt ist das Chaos. Das Nichts ist der zu gebärende Weltgott.« (I, 72) Warum ist das *Durch-sich-selbst-Sein* der Welt nur als Erwartung ausgesprochen, die sich — in ihrer gerundivischen Form unmißverständlich — als *historische* Erwartung versteht?

Die Frage, auf die uns die Interpretation des *Danton*-Schlusses führt, ist nicht nur für die *Danton*-Interpretation von Belang (zur Klärung des Verhältnisses von kommunikativer und politischer Handlung in diesem Drama), sondern sie spielt auch für unser Verständnis des Verhältnisses von kommunikativer und poetischer Rede eine Rolle: indem sie unterschiedliche Realitätsgrade der Negativität am Text zu unterscheiden lehrt. Und sie erzwingt schließlich eine Entscheidung in der Auffassung der politischen Handlungswirklichkeit: indem der Text — negativ zu der gewesenen politischen Praxis — den Leser in eine gerundivische Erwartung entläßt. Die Revolution wird von Büchner auf der Bedeutungsebene der Sprache — im kommunikativen Handlungszug zwischen Julie und Danton — als *Resurrektion der Natur*[93] interpretiert. Diese Interpretation widerspricht der Wirklichkeit des politischen Geschehens. Sie ist wahrer als diese Wirklichkeit. Sie ist aber auch weniger wirklich. Genau besehen, beruht ihre Wirklichkeit, ohne daß dadurch die Kritik ihre Bedeutung verlöre, auf der Wirklichkeit des Negierten. Die Negation, aufgrund deren die Kommunikation *über* eine Sache über diese Sache hinausweist, ist die Negation einer Kommunikation *über* Sachverhalte überhaupt: die Negation einer zugleich mitgegebenen oder -vollzogenen Existenz[94]. Der *Danton* negiert diese Negation, oder er gibt sie doch zumindest als negierte — gerundivisch, in der Form der historischen Erwartung — an das Lese- oder Zuschauerverhältnis weiter. Eine Rezeptionsgeschichte, die *mit dem Text* zwischen historischer und kommunikativer Erwartung unterscheidet, schließt die Kritik eines unhistorischen Verständnisses der Kommunikation ein. Sie kritisiert — als Geschichte — das genuin ästhetische Verhältnis der *Kontingenz*[95]. Sie ist, was die Philologie seit ihren Anfängen immer war oder doch sein sollte: der Ausgang aus einer selbstverschuldeten Unmündigkeit im Umgang mit Texten.

Büchners Werke werden mit Band und Seitenzahl zitiert nach: G. Büchner, Sämtliche Werke und Briefe, Hamburger Ausg. in 4 Bdn., hg. v. W. R. Lehmann, Hamburg 1967 ff.

1 H.-G. Gadamer, Wahrheit und Methode. Grundzüge einer philosophischen Hermeneutik, Tübingen ²1965, S. 285: »Aber aufs Ganze gesehen, hängt die Macht

der Wirkungsgeschichte nicht von ihrer Anerkennung ab. Das gerade ist die Macht der Geschichte über das endliche menschliche Bewußtsein, daß sie sich auch dort durchsetzt, wo man im Glauben an die Methode die eigene Geschichtlichkeit verleugnet. Die Forderung, sich dieser Wirkungsgeschichte bewußt zu werden, hat gerade darin ihre Dringlichkeit — sie ist eine notwendige Forderung für das wissenschaftliche Bewußtsein.« Zur Kritik dieses Standpunkts unter dem Aspekt einer soziologischen und wissenschaftstheoretischen Hermeneutik vgl. *Hermeneutik und Ideologiekritik,* mit Beitr. v. K.-O. Apel, C. von Bormann, R. Bubner, H.-G. Gadamer, H. J. Giegel u. J. Habermas (= Theorie-Diskussion), Frankfurt a. M. 1973.

2 H. R. Jauß, Racines und Goethes Iphigenie. Mit einem Nachwort über die Partialität der rezeptionsästhetischen Methode, in: neue hefte f. philos. 4 (1973) S. 1—46, S. 34: »Die Fragerichtung der aneignenden Rezeption verläuft vom Leser zum Text; wer sie verkehrt, fällt nicht allein in den Substantialismus monologisch sich selbst fortzeugender ewiger Fragen und bleibender Antworten zurück [...], sondern verkennt auch, daß die Potentialität des Kunstcharakters die unmittelbar gestellte und vernehmbare Frage ausschließt.« Zum Problem einer Auflösung des philologischen Textbegriffs vgl. neben der bei Jauß angegebenen Literatur (ebd., S. 30) G. Kaiser, Nachruf auf die Interpretation? (Rez. zu W. Iser, Die Appellstruktur der Texte, Konstanz 1970), in: Poetica 4 (1971) S. 267—277.

3 Gadamer, a.a.O., S. 290 ff.

4 Jauß, Nachwort über die Partialität, a.a.O., S. 3.

5 Gadamer, a.a.O., S. 292: »Ein Gesetz will nicht historisch verstanden werden, sondern soll sich in seiner Rechtsgeltung durch die Auslegung konkretisieren. Ebenso will ein religiöser Verkündigungstext nicht als ein bloßes historisches Dokument aufgefaßt werden, sondern er soll so verstanden werden, daß er seine Heilswirkung ausübt. [...] Verstehen ist hier immer schon Anwenden.« Vgl. auch ebd., S. 307: »Der Interpret, der es mit einer Überlieferung zu tun hat, sucht sich dieselbe zu applizieren.«

6 H. R. Jauß, Literaturgeschichte als Provokation der Literaturwissenschaft, in: H. R. J., Literaturgeschichte als Provokation (= es 418), Frankfurt a. M. 1970, S. 144—207, S. 178. Zum »Ereignischarakter« vgl. ebd., S. 172 f.

7 Gadamer, a.a.O., S. 275 f.

8 Jauß, Nachwort über die Partialität, a.a.O., S. 3.

9 Dazu vgl. H. Turk, Wirkungsästhetik: Aristoteles, Lessing, Schiller, Brecht, in diesem Band S. 47—82.

10 Jauß, Literaturgeschichte als Provokation, a.a.O., S. 178; vgl. auch Nachwort über die Partialität, a.a.O., S. 4.

11 »Diese zu erstreben, auch für diejenigen Stufen des Menschen, welche Natur sind, ist die Aufgabe der Weltpolitik, deren Methode Nihilismus zu heißen hat.« (W. Benjamin, Theologisch-politisches Fragment, in: W. B., Schriften I u. II, hg. v. Th. W. u. G. Adorno, Frankfurt a. M. 1955, S. 511 f., S. 512)

12 Der faschistisch verfälschte und der wirkliche Georg Büchner. Zu seinem hundertsten Todestag am 19. Februar 1937, in: Georg Büchner, hg. v. W. Martens (= WdF LIII), Darmstadt 1969, S. 197—224, S. 212; vgl. auch ebd., S. 209.

13 Ebd., S. 209. Vgl. dazu Hegel, Vorlesungen über die Aesthetik I—III, in: G. W. F. Hegel, Sämtliche Werke, Jubiläumsausg. in 20 Bdn., hg. v. H. Glockner, Stuttgart/Bad Cannstatt [4]1961—1968, Bd. 12—14, 1964, III, S. 556: »Die vollständigste Art dieser Entwickelung ist dann möglich, wenn die streitenden Individuen, ihrem konkreten Daseyn nach, an sich selbst jedes als Totalität auftreten,

so daß sie an sich selber in der Gewalt dessen stehn, wogegen sie ankämpfen, und daher das verletzen, was sie ihrer eigenen Existenz gemäß ehren sollten. So lebt z. B. Antigone in der Staatsgewalt Kreons's; sie selbst ist Königstochter und Braut des Haemon, so daß sie dem Gebot des Fürsten Gehorsam zollen sollte. Doch auch Kreon, der seiner Seits Vater und Gatte ist, müßte die Heiligkeit des Bluts respektiren, und nicht das befehlen, was dieser Pietät zuwiderläuft. So ist Beiden an ihnen selbst das immanent, wogegen sie sie sich wechselweise erheben, und sie werden an dem selber ergriffen und gebrochen, was zum Kreise ihres eigenen Daseyns gehört. Antigone erleidet den Tod, ehe sie sich des bräutlichen Reigens erfreut, aber auch Kreon wird an seinem Sohne und seiner Gattin gestraft, die sich den Tod geben, der eine um Antigone's, die andere um Haemon's Tod. Von allem Herrlichen der alten und modernen Welt, — ich kenne so ziemlich Alles, und man soll es und kann es kennen, — erscheint mir nach dieser Seite die Antigone als das vortrefflichste, befriedigendste Kunstwerk.«

14 Der faschistisch verfälschte Büchner, a.a.O., S. 213.

15 Ebd., S. 213.

16 Zur Kritik der Hegelschen Rechtsphilosophie, in: K. Marx u. F. Engels, Werke, hg. v. Inst. f. Marxismus-Leninismus b. ZK d. SED, 39 Bde. u. Erg.-Bd. (1 u. 2), Berlin 1965 ff., Bd. 1, [8]1972, S. 201—333, S. 319.

17 Ökonomisch-philosophische Manuskripte aus dem Jahre 1844, ebd., Erg.-Bd. (1), [2]1973, S. 465—588, S. 553.

18 Zur Judenfrage, ebd., Bd. 1, S. 347—377, S. 369.

19 Vgl. G. Lukács, Das Problem der Perspektive, in: G. L., Probleme des Realismus I (= Werke 4), Neuwied/Berlin 1971, S. 651—657; Über die Besonderheit als Kategorie der Ästhetik, ebd.: Probleme der Ästhetik (= Werke 10), 1969, S. 537—786.

20 Zum Verhältnis von poetischer und dialektischer Erkenntnis vgl. Hegel, Aesthetik III, a.a.O., S. 242 f.: »Das Denken aber hat nur Gedanken zu seinem Resultat; es verflüchtigt die Form der Realität zur Form des reinen Begriffs, und wenn es auch die wirklichen Dinge in ihrer wesentlichen Besonderheit und ihrem wirklichen Daseyn faßt und erkennt, so erhebt es dennoch auch dieß Besondere in das allgemeine ideelle Element, in welchem allein das Denken bei sich selber ist. Dadurch entsteht der erscheinenden Welt gegenüber ein neues Reich, das wohl die Wahrheit des Wirklichen, aber eine Wahrheit ist, die nicht wieder im *Wirklichen* selbst als gestaltende Macht und eigene Seele desselben offenbar wird. Das Denken ist nur eine Versöhnung des Wahren und der Realität im *Denken*, das poetische Schaffen und Bilden aber eine Versöhnung in der wenn auch nur geistig vorgestellten Form *realer Erscheinung* selber.« Vgl. zum Sich-Darstellen der Sache im dialektischen Erkennen aus der Vorrede zur *Phänomenologie des Geistes:* »Das wissenschaftliche Erkennen erfordert vielmehr, sich dem Leben des Gegenstandes zu übergeben, oder, was dasselbe ist, die innere Nothwendigkeit desselben vor sich zu haben und auszusprechen.« (Hegel, a.a.O., Bd. 2, 1964, S. 50 f.)

21 Vgl. Lukács, Der faschistisch verfälschte Büchner, a.a.O., S. 197 f.

22 Die Tragödie des heldischen Pessimismus. Über Büchners Drama ›Dantons Tod‹, in: Georg Büchner (= WdF LIII), a.a.O., S. 98—137.

23 Kritik und Krise. Ein Beitrag zur Pathogenese der bürgerlichen Welt (= stw 36), [Frankfurt a. M.] 1973.

24 Viëtor, a.a.O., S. 127.

25 Ebd., S. 127.

26 Ebd., S. 128.

27 Ebd., S. 127 f.
28 Ebd., S. 130.
29 Ebd., S. 130.
30 Ebd., S. 132.
31 Ebd., S. 132.
32 Ebd., S. 127.
33 Ebd., S. 133.
34 H. Krapp, Der Dialog bei Georg Büchner (= Lit. als Kunst), Darmstadt 1958, S. 20.
35 Ideologie und Verzweiflung. Religiöse Motive in Büchners Revolutionsdrama, in: Georg Büchner (= WdF LIII), a.a.O., S. 406—442.
36 Ebd., S. 431, Anm. 31. Vgl. K. Mannheim, Ideologie und Utopie, Frankfurt a. M. ^{5}1969.
37 Martens, a.a.O., S. 424.
38 Ebd., S. 422.
39 Ebd., S. 427.
40 Ebd., S. 422.
41 Vgl. dazu W. Wittkowski, Georg Büchners Ärgernis, in: Jb. d. Dt. Schillerges. 17 (1973) S. 362—383.
42 Zur Realisation im Zusammenhang der Säkularisationsthematik vgl. D. Sölle, Realisation. Studien zum Verhältnis von Theologie und Dichtung nach der Aufklärung (= SL 124), Darmstadt/Neuwied 1973.
43 Aristoteles, Poetik, Kap. 9; in der Übers. von O. Gigon (= RUB 2337), Stuttgart 1974, S. 36 ff.
44 Ebd., Kap. 25, S. 63 ff.
45 Lessing, Hamburgische Dramaturgie, 33. Stück, in: G. E. Lessing, Gesammelte Werke in 10 Bdn., hg. v. P. Rilla, Berlin/Weimar ^{2}1968, Bd. 6, S. 168 ff.
46 a.a.O., S. 60.
47 Ebd., S. 116 ff.
48 Ebd., S. 51.
49 Ebd., S. 59.
50 Mimesis. Dargestellte Wirklichkeit in der abendländischen Literatur (= Slg Dalp 90), Bern/München ^{4}1967. Vgl. Krapp, a.a.O., S. 14.
51 Ebd., S. 137; vgl. auch ebd., S. 33. E. Staiger, Grundbegriffe der Poetik, Zürich/Freiburg ^{6}1963.
52 Ebd., S. 127.
53 Ebd., S. 60 f.
54 Ebd., S. 37.
55 a.a.O., S. 515.
56 Ebd., S. 25 u. 50.
57 Ebd., S. 187.
58 Ebd., S. 43, 47 u. ö.
59 Ebd., S. 74; mit Bezug auf die Inkarnation ebd., S. 46.
60 Ebd., S. 193.
61 Hierzu und im folgenden vgl. H. Lausberg, Handbuch der literarischen Rhetorik, München 1960, §§ 1078—1082; H. Lausberg, Elemente der literarischen Rheto-

rik, München [4]1971, §§ 465—469. Vgl. ferner K. Dockhorn, Die Rhetorik als Quelle des vorromantischen Irrationalismus in der Literatur- und Geistesgeschichte, in: K. D., Macht und Wirkung der Rhetorik. Vier Aufsätze zur Ideengeschichte der Vormoderne (= respublica literaria 2), S. 46—95; K. Dockhorn, Rez. zu H. Lausberg, Handbuch der literarischen Rhetorik, in: GGA 214 (1962) S. 177—196.

62 Dockhorn, Die Rhetorik als Quelle des Irrationalismus, a.a.O.

63 In: F. Schiller, Sämtliche Werke, hg. v. G. Fricke u. H. G. Göpfert, 5 Bde., München [3]1962, Bd. 5, S. 433—488, S. 479.

64 Ebd., S. 478.

65 Dockhorn, Die Rhetorik als Quelle des Irrationalismus, a.a.O., S. 49 ff. Zur Lehre vom *aptum* vgl. ferner Lausberg, Handbuch der Rhetorik, a.a.O., §§ 1055—1062; Elemente der Rhetorik, a.a.O., § 464.

66 Auerbach, a.a.O., S. 47.

67 Krapp, a.a.O., S. 26.

68 Schiller, a.a.O., S. 480 f.

69 Über den wirkungsästhetischen Sinn dieser Aussöhnung vgl. H. Turk, Literatur und Praxis. Versuch über eine Theorie der literarischen Wirkung, in diesem Band S. 11—46.

70 Jauß, Nachwort über die Partialität, a.a.O., S. 34: »Der Prozeß der Vermittlung von Wirkung und Rezeption eines Kunstwerks ist ein Dialog zwischen einem gegenwärtigen und einem vergangenen Subjekt, in dem das letztere dem ersteren erst wieder ›etwas sagen‹ kann (nach Gadamer: etwas so sagen kann, als sei es eigens ihm gesagt), wenn das gegenwärtige Subjekt die in der vergangenen Rede implizierte Antwort als Antwort auf eine jetzt und von ihm zu findende Frage erkennt und stellt.«

71 Ebd., S. 34.

72 An diesem Punkt setzt sich Jauß — als Philologe — vom Sinn »des begrifflichen Instrumentariums der Systemtheorie von *N. Luhmann«* ab. Er verwendet dieses Instrumentarium »mit der Einschränkung, daß die Traditionsbildung im Bereich der Kunst geeignet ist, gegen die unbestimmte Offenheit der Systemtheorie die Partialität aller Erfahrungshorizonte zur Geltung zu bringen: Selektion im sinnkonstituierenden Verhalten steht einer immer schon vorselegierten Welt gegenüber, die sich schwerlich anders als historisch erklären läßt« (ebd., S. 37, Anm. 53).

73 Ebd., S. 3. Jauß übernimmt den Begriff der *Konkretisation* von R. Ingarden (R. I., Vom Erkennen des literarischen Kunstwerks, Tübingen 1968, S. 49 ff.), verwendet ihn aber in einer dem Prager Strukturalismus angenäherten Bedeutung zur Bezeichnung des »immer neuen Charakter[s], den das Werk in seiner ganzen Struktur [!] unter veränderten geschichtlich-gesellschaftlichen Rezeptionsbedingungen erhalten kann«.

74 Der systemtheoretische Ansatz der Rezeptionsästhetik hat verschiedene Ausgangspunkte: den Formalismus (vgl. vor allem Jauß, Literaturgeschichte als Provokation, a.a.O., S. 164 ff.), die Phänomenologie (vgl. vor allem W. Iser, Der implizite Leser. Kommunikationsformen des Romans von Bunyan bis Beckett (= UTB 163), München 1972, S. 69 u. ö.; vgl. auch oben Anm. 73), die Historismus-Kritik (H. Blumenberg, Die Legitimität der Neuzeit, Frankfurt a. M. 1966; vgl. Jauß, Literaturgeschichte als Provokation, a.a.O., S. 192) und die Kommunikationssoziologie (N. Luhmann, Sinn als Grundbegriff der Soziologie, in: J. Habermas u. N. L., Theorie der Gesellschaft oder Sozialtechnologie — Was leistet die

Systemforschung? (= Theorie-Diskussion), Frankfurt a. M. 1971, S. 25—100; vgl. oben Anm. 72). Die Historismus-Kritik setzt die Rezeptionsästhetik von der Geschichte frei, indem sie die Erwartungsstruktur der historischen Rede aus dem Standpunkt einer Kommunikation über die historische Rede destruiert. Die Kommunikationssoziologie bietet eine Möglichkeit, die Geschichte in das System zu integrieren, indem sie die Gesellschaft als *sinnkonstituierendes* System auffaßt.

75 N. Luhmann, Religiöse Dogmatik und gesellschaftliche Evolution, in: K.-W. Dahm, N. Luhmann u. D. Stoodt, Religion — System und Sozialisation (= SL 85), Darmstadt/Neuwied 1972, S. 15—132, S. 18: »Durch Konstitution von Sinn wird die Unabschließbarkeit der Verweisung auf andere Möglichkeiten mitkonstituiert. Ihre Offenheit gehört zu den ›Kosten‹ eines selektionsbewußten Verhältnisses von System und Umwelt und variiert mit der Selektionsleistung.« Luhmann, Sinn als Grundbegriff, a.a.O., S. 30: »Was es zu verstehen und im Begriff der Konstitution zu fassen gilt, ist jenes Verhältnis einer selektiv verdichteten Ordnung zur Offenheit anderer Möglichkeiten, und zwar als ein Verhältnis des Wechselseitig-sich-Bedingenden, des Nur-zusammen-Möglichen.«

76 Jauß, Nachwort über die Partialität, a.a.O., S. 32 f.

77 Das Problem des phänomenologischen Systemrationalismus ist die Offenheit des Systems. Um sie zu denken, muß er das System *grundlos* denken, d. h. durch sich selbst hervorgebracht ohne Anfang in Raum oder Zeit (N. Luhmann, Systemtheoretische Argumentationen. Eine Entgegnung auf Jürgen Habermas, in: J. Habermas u. N. L., Theorie der Gesellschaft, a.a.O., S. 291—405, S. 379 f.), und er muß das System als ein sich selbst erhaltendes denken, d. h. als Reduktion, Konstitution und Erhaltung von *Umweltkomplexität* zugleich. Jauß *reduziert* das Phänomen der Sinnkonstitution, ohne das Negierte zu *erhalten*, wenn er das Problem ausschließlich als ein Problem der Sinnverkürzung auffaßt und gegen die Offenheit des Luhmannschen Systems die »immer schon vorselegierte[n] Welt« des Kunstwerks einwendet (vgl. oben Anm. 72).

78 Luhmann, Sinn als Grundbegriff, a.a.O., S. 99. Vgl. ebd., S. 35 ff.; S. 35: »Die Konstitution einer solchen das Erleben beständig-gegenwärtig begleitenden Welt von augenblicklich inaktuellen Potentialitäten beruht auf der eigentümlich-menschlichen Fähigkeit zur *Negation.*« Die Frage, »was Negativität ›an sich‹ ist«, läßt Luhmann ungeklärt (ebd., Anm. 6 zur logischen, Anm. 7 zur psychologischen, S. 36, Anm. 8 zur sprachlichen Herleitung). Die systemrationale Analyse beschränkt sich auf eine Beschreibung der Funktion der Negativität. Sie erklärt, warum die *Fähigkeit zur Negation* entscheidend für den kommunikativen Prozeß einer Sinnkonstituierung ist: »Negation ist eine reflexive, und zwar eine notwendig reflexive Prozeßform des Erlebens. Sie kann auf sich selbst angewandt werden, und diese Möglichkeit der Negation von Negation ist für Erleben, das überhaupt negieren kann, unverzichtbar. Das aber besagt, daß alle Negation in einer unaufhebbaren Vorläufigkeit verbleibt und den Zugang zum Negierten nicht ausschließt. Nur die Zeit, nicht die Negation, eliminiert Möglichkeiten definitiv.« (ebd., S. 36) Als *negierbare* Negation leistet die Negation, was der Sinnkonstitution als Systemleistung zugedacht werden soll. Sie reduziert, konstituiert und erhält in einem Akt die *Umweltkomplexität.* »Zunächst und vor allem fungiert Negation als sicherndes Begleiterleben bei allen Zuwendungen. Im Zugriff auf ein bestimmtes Ding bin ich sicher, daß ›alles andere‹ erhalten bleibt — sowohl das Vorhandene, das im Moment nicht interessiert, als auch das Nichtvorhandene, besonders die nichtvorhandene Gefahr, deren laufende Negierbarkeit mir überhaupt erst andere Zuwendungen gestattet.« (ebd., S. 36)

79 Ebd., S. 36. Die *Negation von Negation* ist nicht mit der *bestimmten Negation* Hegels oder Adornos zu verwechseln. In den Begriffen Luhmanns gesprochen, läßt sich sagen, daß die Systemtheorie die Reflexivität der Negation nicht als

ein *Handeln* in der Zeit, sondern als ein *Erleben* in der Zeit auffaßt (ebd., S. 77). Es ergibt sich jedoch die Schwierigkeit, daß die reflexive Negativität als *Erleben* nicht dem System zugerechnet werden kann. Denn das System geht — via negationis — aus dem *Erleben* hervor.

80 Th. W. Adorno, Ästhetische Theorie (= Ges. Schr. 7), Frankfurt a. M. 1972, S. 200: »Der Wahrheitsgehalt der Kunstwerke, als Negation ihres Daseins, ist durch sie vermittelt, aber sie teilen ihn nicht wie immer auch mit. Wodurch er mehr ist als von ihnen gesetzt, ist ihre Methexis an der Geschichte und die bestimmte Kritik, die sie durch ihre Gestalt daran üben. Was Geschichte ist an den Werken, ist nicht gemacht, und Geschichte erst befreit es von bloßer Setzung oder Herstellung [. . .].«

81 Jauß, Literaturgeschichte als Provokation, a.a.O., S. 200 f., sieht darin die »gesellschafts*bildende* Funktion der Literatur« verbürgt.

82 Unter dem Gesichtspunkt des Handelns ist die *Negation von Negation* bei Hegel und Adorno gedacht: als »ausdrückliche Negation von bestimmtem Sinn«, wie es bei Luhmann heißt, die »ein wohl erst durch Sprache möglicher Sonderfall« ist (Sinn als Grundbegriff, a.a.O., S. 37). Zur Kritik des Pragmatismus unter dem Gesichtspunkt der bestimmten Negation vgl. H. Turk, Ästhetische Reflexion. Zu den handlungstheoretischen Grundlagen Hegels und des Pragmatismus, in diesem Band S. 83—106.

83 Vgl. dagegen Krapp, a.a.O., S. 120 f.

84 Hierzu und im folgenden vgl. P. Watzlawick, J. H. Beavin u. D. D. Jackson, Menschliche Kommunikation. Formen, Störungen, Paradoxien, Bern/Stuttgart/Wien [3]1972.

85 Zum Unterschied zwischen *Inhalts-* und *Beziehungsaspekt der* Kommunikation vgl. ebd., S. 53 ff.; zur Definition der Beziehung durch die Beziehungspartner ebd., S. 127 ff.

86 Zu verschiedenen Formen der Metakommunikation vgl. ebd., S. 79 ff.; zur Unumgänglichkeit der Metakommunikation ebd., S. 55 f.

87 Nach Watzlawick, ebd., S. 98 ff., ist ein wesentliches Merkmal der menschlichen Kommunikation die Fähigkeit zur Negation. Zur Reflexivität vgl. die Ausführung zu den *Paradoxien* der menschlichen Kommunikation, ebd., S. 171 ff. Vgl. ferner zur Erwartungserwartung Luhmann, Sinn als Grundbegriff, a.a.O., S. 63: »Soziale Strukturen haben nicht die Form von Verhaltenserwartungen, geschweige denn von Verhaltensweisen, sondern die Form von Erwartungserwartungen; sie können jedenfalls erst auf dieser Ebene des reflexiven Erwartens integriert und erhalten werden.«

88 Dazu vgl. I, 12: »CAMILLE. Wenn du das weißt, warum hast du den Kampf begonnen?«

89 Vgl. Krapp, a.a.O., S. 68 ff. u. ö.

90 Staiger, a.a.O., S. 151: »Der pathetische Mensch, so müssen wir sagen, ist bewegt von dem, was sein soll; und seine Bewegung ist gerichtet wider das Bestehende.«

91 Vgl. auch I, 60: »DANTON. Wär' es ein Kampf, daß die Arme und Zähne einander packten! aber es ist mir, als wäre ich in ein Mühlwerk gefallen und die Glieder würden mir langsam systematisch von der kalten physischen Gewalt abgedreht. So mechanisch getödtet zu werden!«

92 Vgl. I, 48 f.: »PAYNE. [. . .] Merke dir es, Anaxagoras, warum leide ich? Das ist der Fels des Atheismus. Das leiseste Zucken des Schmerzes und rege es sich nur in einem Atom, macht einen Riß in der Schöpfung von oben bis unten.« Das

Philosophengespräch mündet — bevor Danton auftritt — in die Nihilismusthese: »HERAULT. O Philosoph Anaxagoras, man könnte aber auch sagen, damit Gott Alles sey, müsse er auch sein eignes Gegentheil seyn, d. h. vollkommen und unvollkommen, bös und gut, seelig und leidend, das Resultat freilich würde gleich Null seyn, es würde sich gegenseitig heben, wir kämen zum Nichts.«

93 Zur sozialpsychologischen Ausarbeitung dieses Gesichtspunkts beim jungen Marx vgl. *Ökonomisch-philosophische Manuskripte*, a.a.O., S. 533 ff.

94 In diesem Sinn definiert Luhmann die Funktion der Sprache im System der Kommunikation. Luhmann, Sinn als Grundbegriff, a.a.O., S. 43: »Die Sprache ist eine sekundäre, dann freilich alle höhere Evolution von Sinn fundierende Spezialisierung des Kommunikationsprozesses. Sie macht es möglich, Kommunikation aus sonstigem Handeln auszudifferenzieren, und sie vervielfältigt dadurch die Zahl der Verhaltensweisen, mit denen man andere informieren kann, ins praktisch Beliebige. Dadurch erst kann Sinn entkonkretisiert und selbst zum Inhalt von Bewußtseinsprozessen gemacht werden, so daß Sinn auch die Selektivität von Sinn noch regulieren kann.« Diese Negativität der Kommunikation aus den Voraussetzungen der Sprache aufzuheben, ist das Bestreben von Habermas, wenn er in den *Vorbereitenden Bemerkungen zu einer Theorie der kommunikativen Kompetenz* (in: J. H. u. N. L., Theorie der Gesellschaft, a.a.O., S. 101—141), ausgehend von der Searleschen Sprechakttheorie, gegen Luhmann einwendet: »Allerdings dienen die pragmatischen Universalien, indem wir die Sprechsituation mit ihrer Hilfe erzeugen, *zugleich* dazu, die Sprechsituation auch *darzustellen.*« (ebd., S. 110) Vgl. auch: »Sprechakte nennt Searle die elementaren Einheiten der Rede, weil der Sprecher mit dem Akt des Aussprechens genau die Handlung vollzieht, die der in der Äußerung verwendete performatorische Ausdruck zugleich darstellt.« (ebd., S. 102 f.) Das *Zugleich* von Darstellung und Vollzug, bzw. Erzeugung macht — durch eine Substantialisierung der Kommunikation — deren ursprüngliche Negativität zunichte. Die Kommunikation wird wieder geschichtlich; jedoch um den Preis, daß sie ihre historische Leistung als Kommunikation darüber einbüßt. Das Problem des Entwurfs zu einer *Theorie der kommunikativen Kompetenz* ist das Problem der Wiederherstellung einer Kommunikation über Sachverhalte und Vollzüge. Vgl. zum Problem der *kontrafaktischen Unterstellung* H. Turk, Dialektische Literaturwissenschaft. Zur kommunikationssoziologischen Begründung einer allgemeinen Texttheorie, in: Historizität in Sprach- und Literaturwissenschaft, hg. v. W. Müller-Seidel, München 1974, S. 219—246; vgl. auch H. Turk, Dialektischer Dialog. Literaturwissenschaftliche Untersuchung zum Problem der Verständigung, Göttingen 1975.

95 Sie wiederholt darin ein Stück Entstehungsgeschichte der Neuzeit. Zur theologischen Herkunft des Kontingenzgedankens vgl. Luhmann, Systemtheoretische Argumentationen, a.a.O., S. 392 f. In der Frage der Technizität, die die Kontingenz ermöglicht, kommen systemtheoretische Argumentation und Historismus-Kritik überein. Vgl. Blumenberg, a.a.O., S. 169 f. und Luhmann, Sinn als Grundbegriff, a.a.O., S. 58. Vgl. auch ebd., S. 88, Anm. 62.

— Literatur und Praxis. Versuch über eine Theorie der literarischen Wirkung, zuerst publ. in: Fragen der Germanistik. Zur Begründung und Organisation des Faches, München 1971, S. 96—129; auszugsweise wieder abgedr. in: Ästhetische Erfahrung und literarisches Lernen, hg. v. W. Dehn (= FAT 3008), Frankfurt a. M. 1974, S. 90—106.

— Wirkungsästhetik: Aristoteles, Lessing, Schiller, Brecht. Theorie und Praxis einer politischen Hermeneutik, zuerst publ. in: Jb. d. Dt. Schiller-Ges. 17 (1973) S. 519—531; der Beitrag wurde für diesen Band neu überarbeitet.

— Ästhetische Reflexion. Zu den handlungstheoretischen Grundlagen Hegels und des Pragmatismus, zuerst publ. in: Literaturwissenschaft und Geschichtsphilosophie, Fs. f. W. Emrich, hg. v. H. Arntzen [u. a.], Berlin/New York 1975, S. 40—58.

— Das politische Drama des *Danton*. Geschichte einer Rezeption, zuerst publ. in: Literatur und Leser. Theorien und Modelle zur Rezeption literarischer Werke, hg. v. G. Grimm, Stuttgart 1975, S. 208—222.